METODOLOGIAS ATIVAS
FORMAÇÃO EM PROTEÇÃO E DEFESA CIVIL

CB009737

Editora Appris Ltda.
1.ª Edição - Copyright© 2024 da autora
Direitos de Edição Reservados à Editora Appris Ltda.

Catalogação na Fonte
Elaborado por: Dayanne Leal Souza
Bibliotecária CRB 9/2162

T266m 2024	Teixeira, Antonia Benedita Metodologias ativas - formação em proteção e defesa civil / Antonia Benedita Teixeira. – 1. ed. – Curitiba: Appris, 2024. 145 p. : il. ; 23 cm. – (Coleção Educação, Tecnologias e Transdisciplinaridades). Inclui referências. ISBN 978-65-250-6693-6 1. Desastres naturais. 2. Defesa civil. 3. Sociodrama Pedagógico-Matricial. 4. Educação continuada. I. Teixeira, Antonia Benedita. II. Título. III. Série. CDD – 304.2

Livro de acordo com a normalização técnica da ABNT

Appris
editora

Editora e Livraria Appris Ltda.
Av. Manoel Ribas, 2265 – Mercês
Curitiba/PR – CEP: 80810-002
Tel. (41) 3156 - 4731
www.editoraappris.com.br

Printed in Brazil
Impresso no Brasil

Antonia Benedita Teixeira

METODOLOGIAS ATIVAS
FORMAÇÃO EM PROTEÇÃO E DEFESA CIVIL

Appris
editora

Curitiba, PR
2024

FICHA TÉCNICA

AGRADECIMENTOS

Gratidão! Essa foi a palavra que encontrei para juntos celebrarmos esta conquista, que antes parecia tão distante na minha vida.

Ao Prof. Dr. Harrysson Luiz da Silva, líder do Grupo de Pesquisa Resolução Científica de Conflitos e Inteligência Vibracional Reversa do Conselho Nacional de Pesquisas da Universidade Federal de Santa Catarina (Ufsc), pelos momentos em que me estendeu a mão, dedicando dias e horas para me orientar, pelo olhar generoso sobre mim e sobre esta pesquisa, pelo incentivo e pelas contribuições ao impulsionar o meu crescimento, ensinando-me a trilhar o caminho acadêmico, integrando o sociodrama em diferentes contextos.

À Prof.ª Dr.ª Marília Josefina Marino, da Pontifícia Universidade Católica de Campinas, uma das referências brasileiras na área da educação socio-dramática, que contribuiu com o desdobramento da ideia inicial do socio-drama primário para a perspectiva da matriz como conceito fundante do sociodrama pedagógico-matricial.

Ao Prof. Dr. Lindemberg Nascimento Jr., da Ufsc, pelo olhar sensível e atento ao mostrar o caminho e a importância de uma pesquisa numa perspectiva decolonial.

À Prof.ª Dr.ª Irene Carniatto de Oliveira, da Universidade Estadual do Oeste do Paraná, pelas contribuições e por seu olhar atento e zeloso a todo o escopo da pesquisa.

Da Defesa Civil do Estado de Santa Catarina: à Prof.ª Dr.ª Regina Panceri, que em 2019 oportunizou realizar de forma experimental os sociodramas; à Diretoria e às Gerências de Gestão de Educação e Capacitação; ao capitão da Polícia Militar Bruno Golin Sprovieri, coordenador estadual; a todos os 20 coordenadores de Proteção e Defesa Civil, que muito me honraram oportunizando-me realizar os sociodramas. Ao Sr. Alexandre Corrêa Dutra, diretor de Gestão de Educação e Capacitação.

Ao Sr. Reinaldo Estelles, coordenador-geral de Articulação da Secretaria Nacional de Proteção e Defesa Civil, pelas importantes informações.

À Ufsc, que oportunizou esta pesquisa, e a todos os professores, colabo-radores e amigos que encontrei no decorrer do mestrado profissional em Desastres Naturais.

A toda a minha família, pela torcida e pelo apoio de sempre. E ao meu grande mestre — Deus —, meu orientador de todas as horas. Amém.

Querido livro,

É com imensa alegria que celebro seu nascimento, uma continuidade da nossa jornada familiar através das palavras.

A vocês, meus queridos familiares, dedico este livro com profunda gratidão e amor, pois são vocês minha fonte constante de inspiração. Cada palavra escrita nestas páginas é um reflexo do apoio incondicional, compreensão e amor que me sustentaram ao longo dos anos. Vocês são meu porto seguro, minha âncora em tempos de desafio e minha luz nos momentos de escuridão.

A Deus, minha fonte suprema de inspiração e guia em todos os caminhos da vida, dedico este trabalho. Seu amor infinito e sua sabedoria iluminaram cada passo desta jornada, fortalecendo-me para enfrentar os desafios e celebrar as conquistas. Nele encontro a força para transformar experiências em palavras que possam tocar corações e inspirar mentes.

Que este livro sirva como um testemunho do poder transformador do amor familiar e da fé em Deus, inspirando não apenas a mim, mas a todos que compartilham desta leitura. Que suas páginas ecoem nossa união e inspirem outros a buscar conexões profundas e significativas em suas próprias vidas.

Com todo meu carinho e gratidão eterna,
Antonia Benedita Teixeira

APRESENTAÇÃO

Bem-vindo a uma jornada além das páginas!

Imagine um guia que transcende palavras e ideias, conduzindo-nos por uma profunda transformação. *Metodologias Ativas – Formação em Proteção e Defesa Civil* é uma obra viva que encapsula a essência do ciclo de proteção e defesa civil em contextos extremos. Cada capítulo é uma oportunidade única de protagonizar uma narrativa, em que o conhecimento se entrelaça com a prática e as ideias ganham vida. Este livro vai além da simples compilação de métodos; é um organismo dinâmico repleto de vitalidade. Cada capítulo funciona como um músculo que se fortalece com exemplos reais, estudos rigorosos e exercícios que solidificam os fundamentos da Defesa Civil. É uma enciclopédia emocional em que teorias se mesclam com histórias reais de resiliência e superação.

A formação em gestão de riscos e de desastres é crucial no mundo contemporâneo, onde desastres naturais e emergências são cada vez mais frequentes e intensos. Este livro surge da necessidade urgente de inovar os processos educacionais e de capacitação, preparando profissionais para enfrentar esses desafios com competência, resiliência e eficácia. Durante sua elaboração, enfrentamos o desafio de integrar diversas abordagens pedagógicas, incluindo educação e psicologia às demandas práticas do campo de proteção e defesa civil. Nosso objetivo foi desenvolver um recurso que não apenas expusesse teorias e conceitos, mas também fornecesse um protocolo prático para aplicação imediata. A aplicação do sociodrama pedagógico-matricial como metodologia ativa revela-se essencial, capacitando os coordenadores regionais de proteção e defesa civil a participarem ativamente do processo de aprendizagem, promovendo o desenvolvimento de habilidades socioemocionais. Além disso, exploramos a potencialidade das metáforas do corpo humano no papel (mente, corpo, ambiente), uma técnica criada especificamente para nossa prática no campo da defesa civil. Acreditamos que essa ferramenta proporcionará aos leitores uma compreensão profunda e aplicada das melhores práticas em formação e capacitação.

Assim como a mente é o centro de comando do corpo humano, o Sistema Nacional de Proteção e Defesa Civil (SINPDEC) é o cérebro que planeja, articula e coordena ações em todo o território nacional. Este livro explora os marcos legais nacionais e internacionais que moldam a defesa civil, destacando sua importância. Enfatiza também a necessidade de formação continuada nas diversas escalas espaciais entre União, estados e municípios, com foco na intersetorialidade, conforme prevê a Política Nacional de Proteção e Defesa Civil (Lei 12.608/2012). O **corpo** deste livro, simbolizando nosso compromisso e dedicação, pulsa vigorosamente em cada linha. A profissionalização e qualificação dos gestores de defesa civil e, mais especificamente, dos coordenadores de proteção e defesa civil são fundamentais para um sistema robusto e eficiente, como evidenciado nas histórias inspiradoras de profissionais dedicados à proteção de vidas.

Nosso livro cria um ambiente de aprendizagem colaborativa e empoderamento grupal, como um ecossistema vibrante que oferece um refúgio seguro para ideias crescerem e se disseminarem. Assim como a pele nos protege das ameaças externas, as ações de prevenção e resposta imediata representam nossa primeira linha de defesa contra desastres. Este livro capacita profissionais com ferramentas práticas e orientações claras para uma resposta rápida e eficaz. *Metodologias Ativas – Formação em Proteção e Defesa Civil* não é apenas um livro; é um chamado à ação. Cada página convida você a se tornar parte desta transformação, contribuindo para um Brasil mais seguro e resiliente. Escrever este livro foi uma jornada de descobertas e aprendizado. Ao longo do processo, contamos com a colaboração de inúmeros profissionais. Gostaríamos de agradecer a todos, especialmente aos coordenadores regionais de proteção e defesa civil de Santa Catarina, que tornaram possível a realização desta obra.

Esperamos que este livro inspire e capacite profissionais, estudantes e todos os envolvidos na área de proteção e defesa civil. Que ele sirva como um guia prático e uma fonte de inspiração para a implementação de metodologias ativas na formação de indivíduos preparados para lidar com os desafios complexos e urgentes do mundo atual. Embarque nesta jornada onde conhecimento e prática se entrelaçam, fortalecendo não apenas o intelecto, mas também a resiliência emocional necessária para enfrentar os desafios do século XXI.

PREFÁCIO

Um dos grandes desafios na implantação das políticas públicas é fazê-las aplicáveis em toda a sua extensão, nos planos, programas e nos projetos, em suas diferentes escalas espaciais, união, estados e municípios, como a Política Nacional de Proteção e Defesa Civil (Lei 12.608/2012) que prima pela Intersetorialidade.

Nessa perspectiva, a referida política pública precisa integrar, em termos intersetoriais, várias áreas da administração pública, como é o caso da educação em gestão de riscos e de desastres.

Concomitantemente, os profissionais em proteção e defesa civil, mais especificamente, os coordenadores regionais de proteção e defesa civil, que fazem o papel de gestão regional no estado de Santa Catarina, ainda prescindem de capacitações que os mobilizem, tanto para ações de prevenção, quanto de respostas em contextos de eventos extremos.

Desde 2016, quando o Brasil, por meio de um projeto realizado com o Programa das Nações Unidas para o Desenvolvimento (PNUMA), já ressaltava a necessidade da formação em gestão de riscos e de desastres, de forma intersetorial, em todo o país.

Entretanto, vimos que pouco se avançou nessa área, apesar dos esforços meritórios mediante a criação de mestrados profissionais em gestão de riscos e de desastres naturais, como o programa de Mestrado Profissional em Desastres Naturais da Universidade Federal de Santa Catarina (UFSC), bem como da Universidade Federal do Pará (UFPA) no âmbito acadêmico e científico.

Nessa mesma perspectiva, o estado de Santa Catarina, por intermédio da Defesa Civil Estadual, tem promovido ações de formação continuada, tendo criado um Comitê Técnico e Científico (CTC), mas ainda necessitando de suporte didático e pedagógico para ampliação de sua capacidade de desenvolvimento de competências de seu quadro operacional nas coordenadorias regionais em número de 20 em todos os municípios do referido estado.

A publicação em questão é resultado de uma extensa e complexa pesquisa que integrou as áreas de educação, psicologia, proteção e defesa civil e gestão pública, visando criar um protocolo que norteasse as defesas civis nacionais num programa nacional com estruturação didático-pedagógica, bem como as defesas civis estaduais e municipais para capacitação em proteção e defesa civil a partir de metodologias ativas, desenvolvendo as habilidades socioemocionais, e não somente racionais.

Pela primeira vez, os resultados dessa pesquisa de mestrado trouxe à luz no Brasil, a aplicação de técnicas da psicologia psicodramática aplicada para processos de ensino e aprendizagem para nortear a estruturação de matrizes curriculares para cursos de formação em proteção e defesa civil a partir do desenvolvimento das habilidades socioemocionais, por meio de metodologias ativas e do desenvolvimento do seu respectivo produto técnico: Protocolo Sociodrama Pedagógico-matricial para nortear os processos de capacitação em proteção e defesa civil.

Assim, a partir da psicologia psicodramática associada a processos de ensino e aprendizagem, integram-se os profissionais da proteção e defesa civil, num processo de formação baseada na criação da sua espontaneidade, criatividade e sensibilidade, dando paralelamente um tratamento terapêutico aos referidos profissionais que vivem contextos diários de estresse, podendo, por meio dos sociodramas, ressignificar relações e processos vividos que possam se traduzir em psicopatologias.

Para que essa "metodologia de ensino curativa" se efetive nos programas das defesas civis estaduais e municipais é preciso uma ação institucional da união, estados e municípios, considerando o extremo grau de estresse vivido diariamente por esses profissionais em suas atividades diárias cobrindo extensas áreas geográficas.

Por outro lado, essa publicação caracteriza em sua metodologia, bem como, no produto técnico resultante, a intersetorialidade prevista na Lei 12.608/2012, que ainda falta acontecer, tanto nos programas de gestão quanto de capacitação em todo o ciclo de proteção e defesa civil de forma responsável.

O esforço de integração de diferentes áreas de conhecimento e de suas respectivas metodologias de investigação, intervenção e avaliação utilizadas demonstra a necessidade de organização e implantação de uma estrutura didática e pedagógica nas defesas civis de todo Brasil, para que seus objetivos de ensino e aprendizagem estejam consoantes com as diretrizes e bases da educação nacional, se é desejada uma ação consequente de governo na esfera da proteção e da defesa civil, não só no Brasil, como em diversos países, conforme verificação realizada na pesquisa realizada.

Convém ressaltar que a autora trouxe uma contribuição relevante para a proteção e defesa civil no Brasil e no mundo, podendo o referido protocolo ser aplicado em qualquer defesa civil por profissionais com capacitação em psicodrama socioeducacional, e para isso seria necessária uma formação nacional para garantia de que o produto técnico decorrente nessa pesquisa, seja institucionalizado e devolvido para a sociedade a partir dos resultados apresentados, a partir do investimento público.

Não se poderia esquecer que os maiores beneficiários não serão somente os gestores envolvidos com proteção e defesa civil, mas de forma mais significativa, as populações que vivem em condições de vulnerabilidade, nas diferenças áreas de risco do Brasil e do mundo, que ainda não estão preparadas para os eventos extremos que vêm se asseverando. Profissionais de proteção e defesa civil mais bem preparados para ação significam mais vidas salvas e retiradas de perigos iminentes.

Esse é o resultado, agora é preciso institucionalizá-lo como parte da política pública.

Harrysson Luiz da Silva

Pós-Doutor em Ergonomia Cognitiva, Psicologia Fenomenológica Existencialista e Psicodramática. Professor do Programa de Mestrado Profissional em Desastres Naturais da Universidade Federal de Santa Catarina. Membro do Comitê Técnico da Defesa Civil Estadual de Santa Catarina. Diretor-executivo do Instituto de Tecnologias do Conhecimento (Kw) e Coordenador Regional da Rede internacional de Pesquisa em Resiliência Climática.

SUMÁRIO

Nos Caminhos da Proteção e Criação

No vasto palco do mundo, onde crises se desenham,
Surge um novo guia, onde a sabedoria se empenha.
Entre desastres e desafios, uma luz a brilhar,
É o saber que se renova, a nos orientar.

Com um olhar atento e um coração aberto,
Explora-se o universo do imprevisto e do incerto.
A proteção não é só técnica, nem apenas teoria,
Mas um gesto criativo, uma nova melodia.

Na educação, cinco pilares se erguem com fervor,
Cada um é um farol, um verdadeiro mentor.
O quinto pilar, especial, convida a criar,
A romper com o convencional e inovar.

Aprender a criar é o lema vibrante,
Um chamado à imaginação, ao pensamento intrigante.
Não apenas seguir regras ou padrões estabelecidos,
Mas forjar novas rotas, desbravar caminhos desconhecidos.

Metodologias Ativas – Formação em defesa Civil é mais que um livro,
É um convite a sonhar, a ir além do previsível.
Em cada página, um reflexo do futuro que se cria,
Uma promessa de evolução, uma nova filosofia.

No coração do desassossego, onde o caos se desdobra,
A criação é a resposta, a chave que se cobra.
Com criatividade, coragem e saber profundo,
Desenhamos um amanhã mais seguro e fecundo.

Antonia Benedita Teixeira

PRÓLOGO

A capacidade de agir em contextos de eventos extremos tem sido objeto de preocupação de diferentes instituições ao redor do mundo. A Organização das Nações Unidas (ONU), por meio da Estratégia Internacional de Redução de Desastres (EIRD)[1]; o Programa das Nações Unidas para o Desenvolvimento (Pnud); marcos e protocolos como os de Hyogo e Sendai[2]; e a Declaração de Incheon têm fornecido diretrizes para redução de riscos de desastres, que se asseveram diante do contexto da "emergência"[3] e da "injustiça climática"[4].

A Organização das Nações Unidas para Educação, Ciência e Cultura (Unesco) vem também apontando diretrizes da "educação do século XXI", que deverão impactar as políticas públicas de educação nos diferentes países, como é o caso do Brasil, e por consequência políticas, planos, programas e projetos institucionais relacionados à capacitação em Proteção e Defesa Civil, tanto para gestores públicos quanto para profissionais nos diferentes níveis de ensino.

Na Figura 1, você pode visualizar o movimento dos atores envolvidos na capacitação em vários níveis da cultura de prevenção aos riscos de desastres:

---

[1] Para mais informações, consulte, no fim do livro, a lista de "Referência" com as fontes mencionadas.

[2] Sobre o marco de Sendai, consultar: UNISDR, 2015.

[3] O ambientalista Lester Brown, em seu livro *Plan B: rescuing a planet under stress and a civilization in trouble*, de 2003, usou a ideia de emergência, e ele parece ter sido o primeiro a publicá-la. Al Gore adotou o conceito em seu ensaio *The moment of truth*, de 2006, e em seu famoso documentário *An Inconvenient Truth*, e as expressões tornaram-se populares a partir da divulgação feita por David Spratt e Philip Sutton em suas publicações de 2007 e 2008 (Spratt, 2019).

[4] MILANEZ, Bruno; FONSECA, Igor Ferraz. Justiça climática e eventos climáticos extremos: uma análise da percepção social no Brasil. **Revista Terceiro Incluído**, Goiás, v. 1, n. 2, p. 82-100, 2011.

Figura 1 – Agências e instituições em Educação de Proteção e Defesa Civil

Fonte: a autora (2024)

Perceba que, na escala nacional, temos também instituições como a Defesa Civil do Brasil, a Defesa Civil de Santa Catarina e programas de pós-graduação[5].

Mas aqui um dos grandes desafios é a estruturação didático-pedagógica dos processos de capacitação, que precisam avançar para uma proposta orientada à gestão de riscos e desastres alinhada com as exigências dos organismos internacionais, da Política Nacional de Proteção e Defesa Civil[6], das diretrizes do Ministério da Educação (MEC) e da Lei de Diretrizes e Bases da Educação Nacional (LDB)[7].

Os setores da Educação das Secretarias Nacional e Estaduais de Defesa Civil ainda não desenvolveram uma matriz ou malha curricular orientada pela LDB (Lei 9.394/1996), nem projeto político-pedagógico que tenha entre seus fundamentos Conhecimentos, Habilidades e Atitudes (CHA) para garantir o conjunto de aprendizagens essenciais em Gestão de Riscos e Desastres (GRD).

Cada instituição, ao ser contratada para produção de material didático de formação continuada em Proteção e Defesa Civil, adota a respectiva fundamentação teórica e metodológica, criando, dessa forma, uma multiplicidade de resultados de aprendizagem, que nem sempre são os esperados.

---

[5] Programas de pós-graduação com temáticas de desastres naturais: a) Programa de Pós-Graduação em Desastres Naturais da Universidade Federal de Santa Catarina; b) Programa de Pós-Graduação Stricto Sensu em Defesa e Segurança Civil da Universidade Federal Fluminense; c) Programa de Pós-Graduação em Desastres Naturais da Universidade Estadual Paulista "Júlio de Mesquita Filho"; Programa de Pós-Graduação em Gestão de Risco e Desastre na Amazônia da Universidade Federal do Pará.

[6] Para mais informações sobre a estrutura da Política Nacional de Proteção e Defesa Civil, consulte a Lei 12.608, de 10 de abril de 2012.

[7] Para mais informações sobre a LDB, consulte: Brasil (1996, 1997).

Assim, a carência de organização dos cursos realizados até o momento dá lugar à proposição deste nosso sociodrama pedagógico-matricial, no âmbito da socionomia, como uma alternativa ao desenvolvimento da matriz curricular de formação continuada em Proteção e Defesa Civil.

Nesta proposição, dever-se-á integrar à educação as funções conativas e executivas[8], que levam o sujeito para a ação de forma empática e recíproca, com os fundamentos da socionomia, ainda não integradas na LDB nem à estrutura dos quatro pilares da educação propostos Unesco, na Comissão Internacional sobre Educação para o Século XXI, isto é:

> Aprender a conhecer.
>
> Aprender a fazer.
>
> Aprender a conviver.
>
> Aprender a ser.

Mas aqui apresento minha criação, o QUINTO PILAR DA EDUCAÇÃO, fundamentado na filosofia do ato criador, proposto pela socionomia[9]:

> **Aprender a criar[10] ®.**

Diferentemente do aprender a fazer, que está ligado à qualificação e à competência profissional[11], aprender a criar é do campo da criatividade e da espontaneidade, fundamental, assim, para que se possa promover de forma integral tanto o desenvolvimento das habilidades e competências quanto de uma matriz ou malha curricular para capacitação em Proteção

---

[8] As funções conativas dizem respeito às emoções, ao temperamento e à personalidade do indivíduo. As funções executivas podem ser definidas como processos mentais complexos pelos quais o indivíduo otimiza o seu desempenho cognitivo, aperfeiçoa as suas respostas adaptativas e o seu desempenho comportamental em situações que requerem a operacionalização, a coordenação, a supervisão e o controle de processos cognitivos e conativos, básicos e superiores. De certa forma, reúnem um conjunto de ferramentas mentais que são essenciais para aprender a aprender (Fonseca, 2014).

[9] MORENO, Jacob Levy. **Psicodrama**. São Paulo: Cultrix, 2015.

[10] Teixeira, A. B. (2023). O quinto pilar da educação, denominado "APRENDER A CRIAR", baseia-se na filosofia do ato criador da sociometria de Moreno. Este conceito foi desenvolvido por Teixeira em sua dissertação de mestrado intitulada "Sociodrama Pedagógico Matricial para Educação Continuada de Coordenadores de Proteção e Defesa Civil em Contextos de Eventos Extremos no Estado de Santa Catarina", apresentada na Universidade Federal de Santa Catarina, em Florianópolis.

[11] DELORS, Jacques. **Educação, um tesouro a descobrir**: relatório para a Unesco da Comissão Internacional sobre Educação para o Século XXI. Tradução de José Carlos Eufrázio. Brasília: São Paulo; Brasília: Unesco, 1996.

em Defesa Civil, a todos os níveis da educação, do ensino fundamental ao ensino superior, vinculando-se à proposta inicial da aplicação da socionomia para a educação, da década de 1930.

A comissão da Unesco, é preciso esclarecer, não subestima a indispensável função da criatividade[12], "na verdade, sonha com uma educação criativa"[13] e que sirva de suporte aos seus quatro pilares. Entretanto, mesmo sendo legitimada, a criatividade não os integra formalmente, gerando-lhes uma lacuna, também nos processos de ensino-aprendizagem, que acaba por se refletir em cadeia global, incluindo a capacitação dos coordenadores regionais da Defesa Civil do Estado de Santa Catarina, impedindo-os de desenvolver seus papéis pessoais e profissionais de forma plena.

Em cumprimento às orientações da EIRD, ao identificar lacunas nas políticas e programas de redução de desastres, recomendam-se ações corretivas de complementaridade, inclusão que reforça o sonho da Unesco de uma educação criativa. Assim, a capacitação de coordenadores regionais em Proteção e Defesa Civil[14] para gestão de riscos e de desastres em Santa Catarina, nosso público-alvo e escala espacial de análise, exigiu novos enquadramentos, considerando os enormes desafios de articulação das 20 Coordenadorias Regionais de Proteção e Defesa Civil (Coredecs) — e seus respectivos coordenadores estaduais — com os municípios catarinenses sob a sua jurisdição.

Nessa perspectiva, convém ressaltar que Moreno[15] já utilizava os conceitos de "psicodrama didático ou pedagógico", tratando-os como "método pedagógico"[16] em suas obras iniciais, na década de 1930, quando apontava uma perspectiva psicoterapêutica, portanto clínica, para o tratamento das relações grupais em contextos educacionais.

Num segundo momento, a pedagoga argentina Romaña[17] passou o sociodrama de uma perspectiva clínica para pedagógica, considerando as possibilidades da utilização da "dramatização" como metodologia de ensi-

---

[12] *Ibidem*, p. 11.

[13] *Ibidem*, p. 13.

[14] Quando se fala em coordenadores regionais de Proteção e Defesa Civil de Santa Catarina, está se remetendo aos 20 coordenadores regionais vinculados à Defesa Civil do Estado de Santa Catarina, e não aos gestores de Proteção e Defesa Civil de outras secretarias de estado ou das prefeituras de referido SC.

[15] MORENO, Jacob Levy. **Psicoterapia de grupo e psicodrama**. São Paulo: Mestre Jou, 1959.

[16] Nessa perspectiva, Moreno (1959) trata do psicodrama didático ou pedagógico com o método do ego-auxiliar, o método direto ou o método do paciente, ou seja, das relações. Na perspectiva pedagógica deste livro, utilizo o sociodrama pedagógico-matricial para o desenvolvimento de habilidades cognitivas e socioemocionais para capacitação dos coordenadores de Proteção e Defesa Civil.

[17] Para avançar no conhecimento do psicodrama pedagógico, sugere-se a leitura das seguintes obras: Romaña (1985, 1996, 2004).

no-aprendizagem para diferentes níveis escolares. Com isso, constatou-se a relevância do desenvolvimento socioemocional baseado na dramatização como metodologia ativa de ensino-aprendizagem, e sua transposição do campo clínico para o campo didático-pedagógico, proporcionando uma "pedagogia curativa", integrando concomitantemente educação e saúde mental, no caso em questão, para a Proteção e Defesa Civil.

Assim, adotar o sociodrama pedagógico-matricial[18] enquanto recurso didático-pedagógico para cursos de capacitação em Proteção e Defesa Civil possibilitará a integração:

a. Das competências e habilidades socioemocionais[19];

b. Do alcance dos pilares da educação visando à orientação dos coordenadores regionais; e

c. Da criação do quinto pilar da educação, aprender a criar, conforme o desenvolvimento das funções conativas e executivas, tornando-os nosso público o protagonista dos processos de ensino-aprendizagem nos contextos a serem trabalhados.

Isto é, com o desenvolvimento da espontaneidade, será possível aos coordenadores e a você, leitor, o desenvolvimento da criatividade e da sensibilidade, conforme a base teórica socionômica.

Como este livro está estruturado

Para organizar melhor nossa proposta, você poderá seguir o seguinte roteiro que propomos, isto é:

No próximo capítulo, você terá acesso às metodologias de ensino-aprendizagem para cursos de capacitação em Proteção e Defesa Civil, às diretrizes e estratégias internacionais, aos marcos e programas para redução de riscos e desastres, em diferentes países. Verá também os resultados da revisão sistemática da bibliografia sobre metodologias de ensino-aprendizagem aplicada para cursos de capacitação para gestores públicos em Proteção e Defesa Civil — seus objetivos, metodologias, terminologias, métodos, análise dos resultados, pontos fracos, pontos a melhorar e pontos fortes —, bem como a ocorrência espacial das pesquisas, caso este seja seu interesse.

---

[18] Em outro momento (Teixeira, 2020), organizei quatro sociodramas primários, que foram estruturados para desenvolvimento das habilidades socioemocionais para diferentes públicos-alvo e serão aplicados nesta pesquisa como sociodramas pedagógico-matriciais.

[19] TEIXEIRA, Antonia Benedita. **Habilidades socioemocionais na educação**. Curitiba: Appris, 2020.

No terceiro capítulo, apresento a perspectiva sociodramática da educação, a estrutura temática da socionomia e do sociodrama pedagógico, métodos e técnicas psicodramáticas, a teoria "U" e os Objetivos de Desenvolvimento Interno (ODI).

No quarto capítulo, tem-se a preparação da pesquisa propriamente dita, sua metodologia e classificação, as etapas da pesquisa-ação, os procedimentos, o local e universo, o planejamento, a revisão sistemática, o plano de ação, a sistematização dos sociodramas, a estrutura e realização das entrevistas, a realização dos sociodramas pedagógico-matriciais com os coordenadores regionais de Proteção e Defesa Civil, e os procedimentos da pesquisa.

No quinto capítulo, você pode conhecer o status da Defesa Civil Nacional e Estadual e as metodologias voltadas ao ensino-aprendizagem em Proteção e Defesa Civil, as Coordenadorias Regionais de Proteção e Defesa Civil de SC, a estrutura das Diretorias de Gestão e Capacitação, e as Gerências da Diretoria de Educação da Defesa Civil do estado.

No sexto, agora sim em detalhes, apresento os sociodramas pedagógico-matriciais I, II, III e IV, a avaliação geral, as motivações das escolhas e as matrizes de avaliação:

a. Matriz de familiaridade;

b. Matriz sociométrica;

c. Matriz socioemocional;

d. Matriz de papel; e

e. Matriz de modelo psicossomático

No sétimo capítulo, finalmente, um resumo de nosso protocolo enquanto produto técnico.

Protocolo

É preciso ter em mente que os sociodramas que apliquei aos coordenadores regionais, no ano de 2019, resultaram num diagnóstico inicial que se tornou a justificativa para avançar nesta pesquisa. A sistematização dos sociodramas pedagógicos primários[20], envolvendo teoria, técnica e etapas da dramatização, foi a seguinte:

---

[20] No ano de 2019, denominei os sociodramas como "primários"; com o avanço desta pesquisa, com base nas matrizes de avaliação, "sociodramas pedagógico-matriciais".

1. Aquecimento inespecífico;

2. Aquecimento específico;

3. Dramatização; e

4. Compartilhamento.

No aquecimento, utilizamos balões como objetos intermediários (recursos didáticos) para a autoapresentação, que consistiu em: a) escrever três características e colocá-las dentro dos balões; b) brincar de jogar os balões e escolher uma cor diferente do seu balão; c) estourar o balão e tentar adivinhar, com base nas características, quem era o coordenador que tinha essas características.

A seguir, os coordenadores deveriam imaginar a Defesa Civil como um corpo humano para identificar os pontos fortes e os pontos fracos, assim como as potencialidades de cada setor conforme o ciclo de Proteção e Defesa Civil, devendo responder às seguintes questões: *Como querem resolver a situação? O que poderia ser feito para solucionar tais aspectos e dar abertura para o novo?* A técnica utilizada foi a de metáforas do corpo humano no papel[21], que consiste em desenhar em papel kraft um corpo humano de acordo com as áreas de avaliação: mente, corpo e ambiente (ver seção 4.6.5.1).

O resultado dos sociodramas realizados culminou em carta dirigida à Diretoria de Gestão de Educação (Dige) de Defesa Civil do Estado de Santa Catarina sobre a avaliação da metodologia aplicada para capacitação no ano de 2019, que demarcou a importância dos sociodramas e os resultados diante dos processos normais de capacitação existentes.

O sociodrama explora a verdade por meio dos métodos dramáticos[22], e o compartilhamento é considerado a última etapa do processo, em que as reflexões são expressas por meio de suas próprias vivências, em que os sentimentos são despertados e os conflitos emergem da metodologia, que liberta os participantes das tensões cotidianas de suas próprias funções, conforme descrito pelos 20 coordenadores. Por exemplo:

COREDEC:

> *O encontro de metodologias ativas em sociodrama é uma instrução muito maior que uma instrução normativa; fez com que os gestores se conhecessem, pois alguns de nós fomos nomeados e nunca*

---

[21] Técnica desenvolvida por mim e testada desde o ano de 2019.

[22] MORENO, Jacob Levy. **Quem sobreviverá?** Fundamentos da sociometria, psicoterapia de grupo e sociodrama. Tradução de Alessandra Rodrigues de Faria, Denise Lopes Rodrigues e Márcia Amaral Kafuri. Belo Horizonte: Dimensão Editora, 1992. p. 183. v. 1.

havíamos conversado pessoalmente, apenas algumas vezes por uma videoconferência, que não é a mesma coisa, não é o mesmo sorriso, não é o mesmo estouro de balão!

COREDEC:

Às vezes a gente se acha abandonado na ponta, porque não lidamos com probleminhas pequenos, quando nós somos chamados não é coisa boa que vem, é bucha! É problema para resolver, e às vezes nos sentimos abandonados, daí a gente vai para a videoconferência, fica um negócio mecânico, a gente não consegue transmitir aquilo que quer. Os cursos são maçantes, a didática pedagógica do instrutor tem que melhorar, porque mais de um dia não é produtivo... Nosso público-alvo é carente de práticas. A gente já gastou muito do nosso próprio bolso na época da construção, e agora custamos até para comprar um pacote de bolacha para oferecer para o pessoal. Hoje me senti tranquilo, a gente sempre aprende alguma coisa, eu gosto de dinâmicas.

O uso excessivo das tecnologias nos processos educacionais, conforme sinalizado pelos coordenadores, reforça algumas evidências já apontadas pelo *Relatório de monitoramento global da educação 2023*[23], que trata do uso das tecnologias na área. Conforme o documento, existem poucas evidências do valor agregado da tecnologia digital na educação, que evoluiu muito mais rápido que os seus produtos técnicos. No Reino Unido, por exemplo, somente 7% das empresas fazem estudos randomizados, 12% utilizam certificação de parcerias; e apenas 11% nos Estados Unidos solicitam evidências revisadas de seus pares.

Na contramão, o sociodrama segue o princípio da interação humana, afinal, para Moreno[24], os estudos de táticas de surpresa apontam que pessoas que se sentem fatigadas pelo uso excessivo das máquinas, acabam dando respostas inadequadas, trauma, desânimo, cansaço, sentimento de abandono e outros sintomas relacionados ao estresse.

Nessa perspectiva, os coordenadores regionais sinalizaram os pontos fortes e os pontos fracos que poderiam ser objeto de mais quatro sociodramas pedagógico-matriciais e que serão o objeto desta pesquisa. Por meio da ferramenta "**T R E M**", eles identificaram o que deveria ser "**T**RANS-FORMADO, **R**EALÇADO, **E**LIMINADO E **M**ANTIDO"[25] no decurso de 2019 a 2022, na Defesa Civil estadual.

---

[23] ORGANIZAÇÃO DAS NAÇÕES UNIDAS PARA A EDUCAÇÃO, A CIÊNCIA E A CULTURA (UNESCO). **Resumo do Relatório de Monitoramento Global da Educação 2023**: tecnologia na educação. Uma ferramenta a serviço de quem? Paris: Unesco, 2023.

[24] MORENO, 2015, p. 97.

[25] DRUMMOND, Joceli; SOUZA, Andréa Claudia de. **Sociodrama nas organizações**. São Paulo: Ágora, 2008.

A seguir, elaboraram uma *timeline* com as seguintes consignas: a) *Que momento vocês estão vivendo em seus projetos pessoais e profissionais?*; b) *Até aqui, o que vocês construíram de inovador em suas regionais?*; c) *O que querem construir em suas regionais até o ano de 2022?* Essa linha do tempo é uma ferramenta lúdica que ajuda o grupo a se reorganizar com base no histórico de suas trajetórias. Cada coordenador deve fazer o mapeamento de eventos ao longo do tempo em suas regionais e avaliar as mudanças que se quer fazer, como se fossem organizar a própria casa, identificando os objetos que precisam ser transformados, realçados, eliminados ou mantidos, e elaborar um plano de ação baseado nos marcos que precisam atingir.

Quadro 1 – Ferramenta "trem" para 2019/2022

TREM	2019	2020	2021	2022
TRANS-FORMAR	1. Transformação e fortalecimento como ponto de referência nas comunidades	1. Incluir PlanCon 2. Transformar PlanCon 3. Investir em prevenção e reuniões	1. Criar lei estadual que obrigue o município a realizar capacitação técnica e concurso 2. Transformar Compedecs	1. Criar ouvidoria estadual de Defesa Civil 2. Transformar, valendo-se de atualização das tecnologias da informação, o Cigerd em centro integrado de estudos e pesquisas em riscos de desastres 3. Transformar percepção de risco da comunidade 4. Realçar Programa da Defesa Civil na Escola
REALÇAR		1. Realçar as relações interpessoais entre Coredecs e Compedecs 2. Realçar a capacidade de integração do Cigerd 3. Realçar percepção de risco SC Resiliente	1. Realçar os processos de integração dos atores no Cigerd 2. Realçar percepção de risco da comunidade	

TREM	2019	2020	2021	2022
ELIMINAR		1. Eliminar os problemas estruturais do Cigerd 2. Eliminar problemas estruturais 3. Pendências RDs	1. Eliminar rotinas administrativas e burocráticas	2. Eliminar desinteresse do gestor público
MANTER	1. Manter o funcionamento do Cigerd	1. Manter capacitações	1. Manter os atores mobilizados 2. Manter SC Resiliente	1. Manter o funcionamento do Cigerd 2. Manter SC Resiliente 3. Manter Cigerd Colegiados da Defesa Civil 4. Programa Defesa Civil na Escola 5. Aprendizado lúdico

Fonte: a autora (2024), com base nos dados da pesquisa e em Drummond e Souza (2008)

Depois dos quatro sociodramas, houve uma devolutiva sobre a relevância do desenvolvimento socioemocional; as possibilidades do sociodrama pedagógico para a formação dos coordenadores; e a constante possibilidade humana de produzir a cultura de proteção aos desastres e, ao mesmo tempo, permitir a cada ser humano um enriquecimento contínuo de si e de suas relações. Assim, com base no desenvolvimento da pesquisa e na proposição de um protocolo orientado para desenvolvimento de cursos de formação continuada em Proteção e Defesa Civil, estar-se-á concomitantemente gerando:

a. Um produto técnico que terá impacto institucional e social não só em Santa Catarina como no Brasil;

b. A transferência de conhecimento para um determinado segmento da sociedade, ou seja, as Defesas Civis de todo país, sejam elas municipais, sejam estaduais ou federais;

c. Uma inovação em termos de processos de ensino-aprendizagem ao se aplicar o sociodrama como metodologia ativa de ensino-aprendizagem para produção de conteúdo e realização dos processos de aprendizagem de forma lúdica;

d. O desenvolvimento sustentável conforme o objetivo de saúde e bem-estar, pelo desenvolvimento das habilidades socioemocionais via sociodramas;

e. O objetivo do desenvolvimento sustentável de educação de qualidade, pois estamos aplicando metodologias de ensino-aprendizagem lúdicas e ativas;

f. O objetivo do desenvolvimento sustentável de ação contra a mudança global do clima, ao tornar os coordenadores mais preparados para os eventos extremos;

g. O objetivo do desenvolvimento sustentável da vida terrestre, por meio da implantação das etapas do ciclo de proteção, Defesa Civil e alertas;

h. O objetivo do desenvolvimento sustentável de paz, justiça e instituições eficazes, ao tornar presente a ação da Defesa Civil nas municipalidades, mais preparadas para orientar as comunidades e a administração pública municipal aos enfrentamentos relacionados aos desastres naturais;

i. O objetivo do desenvolvimento sustentável de parcerias e meios de implementação, ao garantir meios mais flexíveis para sistemas de gestão intersetorial em contatos de eventos extremos, tendo os coordenadores regionais em Proteção e Defesa Civil como protagonistas.

Com essa integração entre diretrizes internacionais; metas; desenvolvimento de competências e habilidades socioemocionais; e etapas do ciclo de gestão e proteção da Defesa Civil (prevenção, mitigação, preparação, resposta e reconstrução), você verá que é possível, sim, promover a intersetorialidade no âmbito dos processos de ensino-aprendizagem no contexto da Proteção e da Defesa Civil.

1

CAPACITAÇÃO EM PROTEÇÃO E DEFESA CIVIL

Este capítulo eu reservei para você interessado em conhecer as metodologias de ensino/aprendizagem, bem como protocolos, programas, marcos e diretrizes internacionais e nacionais que têm impacto sobre os processos de formação para coordenadores de Proteção e Defesa Civil conforme as orientações a) da Estratégia Internacional de Redução de Riscos de Desastres; b) do Marco de Ação de Sendai; e c) do Programa das Nações Unidas para o Desenvolvimento, orientando políticas públicas dos diferentes países na gestão de riscos e desastres naturais.

1.1 Diretrizes internacionais

Estratégia Internacional de Redução de Desastres

Entre 1960 e 2000, houve um aumento significativo de ocorrências de desastres no mundo, conforme a EIRD. E tudo isso fez com que a comunidade internacional se mobilizasse para a promoção da Década Internacional para Redução de Desastres Naturais, de 1990 a 1999.

Essas ações também promoveram a criação das seguintes instituições:

a. Interagência que congregaria esforços de diversas instituições das ONU;

b. Secretaria da ONU estruturada para implementar o "quadro de ação" da EIRD, conforme figura a seguir, que traz a estrutura composta por missão, objetivos gerais, desdobrados em áreas de interesse e que deverão ser objeto de projetos específicos.

Figura 2 – Estrutura da EIRD

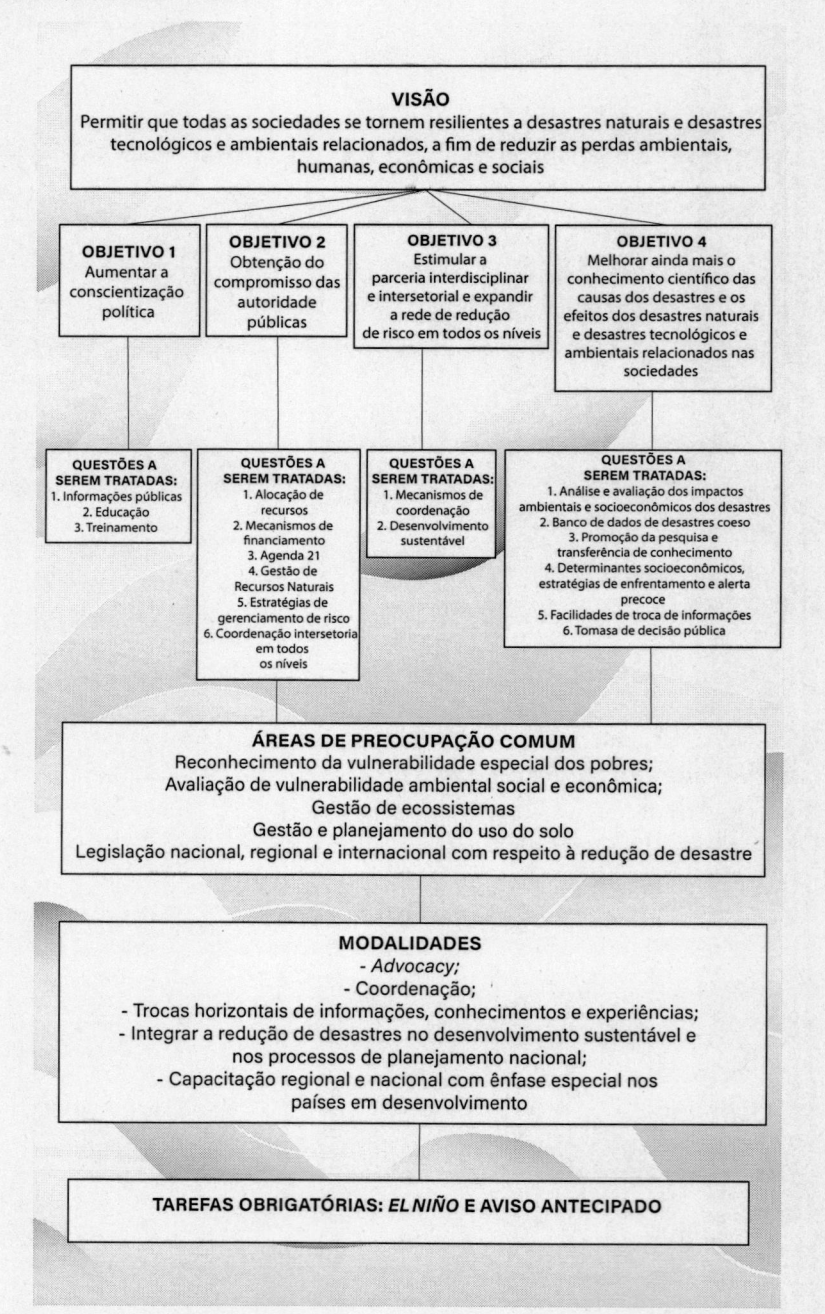

VISÃO
Permitir que todas as sociedades se tornem resilientes a desastres naturais e desastres tecnológicos e ambientais relacionados, a fim de reduzir as perdas ambientais, humanas, econômicas e sociais

OBJETIVO 1
Aumentar a conscientização política

OBJETIVO 2
Obtenção do compromisso das autoridade públicas

OBJETIVO 3
Estimular a parceria interdisciplinar e intersetorial e expandir a rede de redução de risco em todos os níveis

OBJETIVO 4
Melhorar ainda mais o conhecimento científico das causas dos desastres e os efeitos dos desastres naturais e desastres tecnológicos e ambientais relacionados nas sociedades

QUESTÕES A SEREM TRATADAS:
1. Informações públicas
2. Educação
3. Treinamento

QUESTÕES A SEREM TRATADAS:
1. Alocação de recursos
2. Mecanismos de financiamento
3. Agenda 21
4. Gestão de Recursos Naturais
5. Estratégias de gerenciamento de risco
6. Coordenação intersetorial em todos os níveis

QUESTÕES A SEREM TRATADAS:
1. Mecanismos de coordenação
2. Desenvolvimento sustentável

QUESTÕES A SEREM TRATADAS:
1. Análise e avaliação dos impactos ambientais e socioeconômicos dos desastres
2. Banco de dados de desastres coeso
3. Promoção da pesquisa e transferência de conhecimento
4. Determinantes socioeconômicos, estratégias de enfrentamento e alerta precoce
5. Facilidades de troca de informações
6. Tomasa de decisão pública

ÁREAS DE PREOCUPAÇÃO COMUM
Reconhecimento da vulnerabilidade especial dos pobres;
Avaliação de vulnerabilidade ambiental social e econômica;
Gestão de ecossistemas
Gestão e planejamento do uso do solo
Legislação nacional, regional e internacional com respeito à redução de desastre

MODALIDADES
- *Advocacy;*
- Coordenação;
- Trocas horizontais de informações, conhecimentos e experiências;
- Integrar a redução de desastres no desenvolvimento sustentável e nos processos de planejamento nacional;
- Capacitação regional e nacional com ênfase especial nos países em desenvolvimento

TAREFAS OBRIGATÓRIAS: *EL NIÑO* E AVISO ANTECIPADO

Fonte: ISDR (2001)

Esses quatro objetivos apresentados na figura remetem, mesmo que distintos, a um conjunto de ações comuns, que, em linhas gerais, já denotam a preocupação com a intersetorialidade dos resultados dos objetivos da EIRD. Estes deverão ser operacionalizados em cinco modalidades de intervenção e tarefas obrigatórias[26]. Essas descrições são importantes, quando consideramos que a Política Nacional de Proteção e Defesa Civil chama atenção para a questão da intersetorialidade entre as políticas públicas.

Note que o Objetivo 1 trata da conscientização política e dos objetos de intervenção, ou seja, "educação" e "capacitação". Por isso, deverão ser realizadas ações comuns na área que tenham relação direta com: a) o reconhecimento da vulnerabilidade social de comunidades expostas a riscos de desastres; b) a avaliação da vulnerabilidade social e econômica; c) uma noção de integração de ecossistemas e sua relação com desastres naturais; d) a gestão e o planejamento do uso e ocupação do solo; e) as implicações dos protocolos e legislações internacionais sobre as escalas de intervenção nacional, regional e local.

É por isto que todas as atividades de capacitação e qualquer tipo de produto resultante desta pesquisa deverão considerar integralmente essas questões, o que tornará possível, em curto e médio prazo, que as ações tenham um impacto ecossistêmico na redução de desastres.

A produção de conteúdo de ensino-aprendizagem para capacitação e educação continuada deverão, da mesma forma, estar pautadas pelas ações da EIRD: a) em implantação nas instituições públicas de Proteção e Defesa Civil, com a finalidade de influenciar a formulação de políticas, em alocação de recursos públicos para programas de educação em redução de desastres, e projetos de capacitação orientados para diferentes públicos-alvo. Essas ações também deverão ser desenvolvidas em conjunto com os demais objetivos da EIRD, considerando que se trata de uma ação intersetorial.

Ademais, a viabilização da EIRD, proposta pela integração de agências, será desenvolvida por intermédio de grupos de trabalho e de "políticas e estratégias" operacionalizadas pela secretaria, de "planos de trabalho", que deverão promover a cultura de redução de desastres, que dará origem, adiante, a uma ação do Pnud, que trata da promoção da cultura de gestão de desastres, que se desdobrará em projetos e ações na área da capacitação e educação em vários países, entre eles, o Brasil (e o estado de Santa Catarina).

---

[26] Na figura, foi utilizado o exemplo do fenômeno *El Niño*.

A EIRD, então, já se coloca com uma estrutura temática intersetorial que poderia ser utilizada como modelo para implantação da Política Nacional de Proteção e Defesa Civil no Brasil, bem como de políticas, planos, programas e projetos educacionais — e de capacitação.

Figura 3 – Ação da EIRD

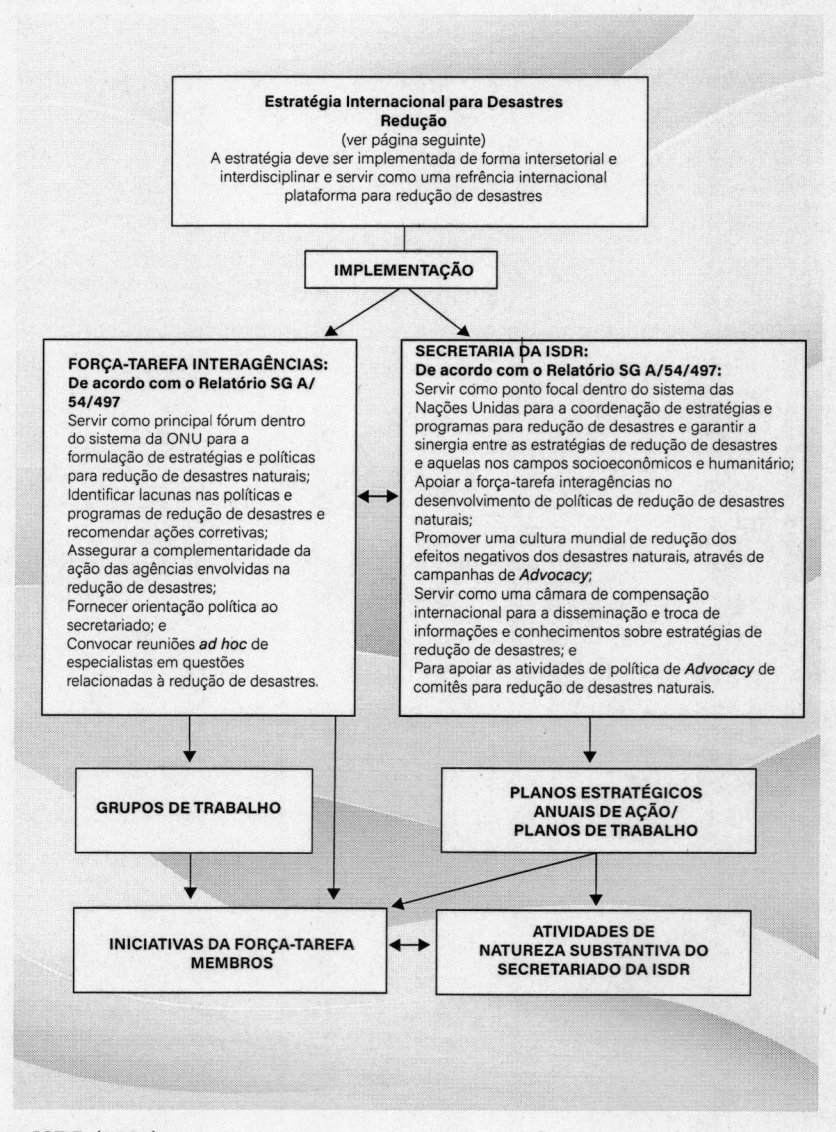

Fonte: ISDR (2001)

Marco de Sendai

O Marco de Sendai, e seu respectivo "quadro de ação", é uma revisão e ampliação do Marco de Ação de Hyogo (2005-2015) para um novo período (2015-2030), que foi finalizado na Terceira Conferência Mundial sobre a Redução dos Riscos de Desastres, na cidade de Sendai, Miyagi, Japão. Nessa conferência, os Estados-membros reafirmaram seu compromisso na redução dos desastres e no aumento da resiliência, visando ao desenvolvimento sustentável via integração de ações, planos, políticas, programas e projetos.

Entre os sete alvos do marco, a educação aparece vinculada às questões "não estruturais"[27] relacionadas aos desastres naturais. Estas são decorrentes da interrupção das atividades por problemas nas infraestruturas críticas de educação (prédios e unidades escolares), e não necessariamente em relação a preocupações em metodologias de ensino-aprendizagem utilizadas em diferentes estabelecimentos de ensino — entre eles, os gerentes regionais em Proteção e Defesa Civil.

Com base nos objetivos desta pesquisa, a educação, incluindo a educação ambiental, voltada para gestão de riscos e de desastres é fundamental para que os coordenadores regionais em Proteção e Defesa Civil tenham conhecimento do seu ambiente de intervenção.

Quadro 2 – Quadro de ação de Sendai

ALVO	PRIORIDADE PARA AÇÃO	PRINCÍPIO ORIENTADOR
Reduzir substancialmente a mortalidade global por desastres até 2030, com o objetivo de reduzir a média por 100 mil/hab. entre 2020-2030 em comparação com 2005-2015	Prioridade 1: Entendendo o risco de desastre. A gestão do risco de desastres precisa ser baseada na compreensão do risco de desastres em todas as suas dimensões de vulnerabilidade, capacidade, exposição de pessoas e bens, características de perigo e meio ambiente	Responsabilidade primária dos Estados de prevenir e reduzir o risco de desastres; por meio da cooperação, inclusive

---

[27] Convém ressaltar que, no âmbito da gestão de riscos e de desastres naturais, duas são as medidas gerais tomadas no desenvolvimento de projetos: a) medidas estruturais; e b) medidas não estruturais. As estruturas são relacionadas às obras e infraestrutura, já as medidas não estruturais estão relacionadas às ações na área de educação, saúde, acolhimento, logística humanitária, entre outras atividades de apoio social.

ALVO	PRIORIDADE PARA AÇÃO	PRINCÍPIO ORIENTADOR
Reduzir substancialmente o número de pessoas afetadas globalmente até 2030, com o objetivo de diminuir a média global por 100 mil/ hab. entre 2020-2030 em comparação com 2005-2015	Prioridade 2: Fortalecimento da governança de risco de desastres para gerenciar o risco de desastres. A governança do risco de desastres nos níveis nacional, regional e global é vital para a gestão da redução do risco de desastres em todos os setores e para garantir a coerência das estruturas nacionais e locais de leis, regulamentos e políticas públicas que, ao definir papéis e responsabilidades, orientam, incentivam os setores público e privado a agir e abordar o risco de desastres	Responsabilidade compartilhada entre autoridades governamentais e nacionais, setores e partes interessadas, conforme apropriadas às circunstâncias nacionais
Reduzir a perda econômica direta de desastres em relação ao PIB global até 2030	Prioridade 3: Investir na redução do risco de desastres para resiliência. O investimento público e privado na prevenção e redução do risco de desastres por meio de medidas estruturais e não estruturais é essencial para aumentar a resiliência econômica, social, sanitária e cultural de pessoas, comunidades, países e seus ativos, bem como do meio ambiente. Estes podem ser motores de inovação, crescimento e criação de emprego. Tais medidas são custo-efetivas e instrumentais para salvar vidas, prevenir e reduzir perdas e garantir uma recuperação e reabilitação efetivas	Proteção de pessoas e seus bens, promovendo e protegendo todos os direitos humanos, incluindo o direito ao desenvolvimento

ALVO	PRIORIDADE PARA AÇÃO	PRINCÍPIO ORIENTADOR
Reduzir substancialmente os danos causados por desastres à infraestrutura crítica e a interrupção de serviços básicos, entre eles instalações de saúde e educação, incluindo por meio de desenvolvimento de sua resiliência até 2030	Prioridade 4: Melhorar a preparação para desastres para uma resposta eficaz e para reconstruir melhor na recuperação, reabilitação e reconstrução	Engajamento de toda a sociedade
Aumentar substancialmente o número de países com estratégias nacionais e locais de redução de risco de desastres até 2020		Envolvimento pleno de todas as instituições do Estado de natureza executiva e legislativa em nível nacional e local
Aumentar substancialmente a cooperação internacional para os países em desenvolvimento por meio de apoio adequado e sustentável para complementar suas ações nacionais para a implementação deste quadro até 2030		Capacitação das autoridades e comunidades locais por meio de recursos, incentivos e responsabilidades de tomada de decisão, conforme apropriado
Aumentar substancialmente a disponibilidade e o acesso a sistemas de alerta precoce de vários perigos e informações e avaliações de risco de desastres para as pessoas até 2030		A tomada de decisão deve ser inclusiva e informada sobre os riscos ao usar uma abordagem multirriscos
		Coerência das políticas, planos, práticas e mecanismos de redução de risco de desastres e desenvolvimento sustentável, em diversos setores

ALVO	PRIORIDADE PARA AÇÃO	PRINCÍPIO ORIENTADOR
		Contabilização das características locais e específicas dos riscos de desastres ao determinar medidas para reduzir o risco
		Abordar os fatores de risco subjacentes de maneira econômica por meio do investimento versus depender principalmente da resposta e recuperação pós-desastre
		Reconstruir melhor "para prevenir a criação e reduzir o risco de desastres existente"
		A qualidade da parceria global e da cooperação internacional para ser eficaz, significativa e forte
		O apoio de países desenvolvidos e parceiros a países em desenvolvimento deve ser adaptado de acordo com as necessidades e prioridades identificadas por eles

Fonte: adaptado de ONU (2022)

1.2 Pnud e Brasil

O Programa das Nações Unidas para o Desenvolvimento é uma das agências especializadas da ONU, que desenvolve projetos em diversos países pelos programas relacionados ao "Fortalecimento da Cultura da

Gestão de Riscos e de Desastres", bem como certificando metodologias para objetivos relacionados a suas atividades e projetos. Mesmo vivendo num mundo marcado por desigualdades sociais e desequilíbrios econômicos e ambientais, as ações do Pnud procuram ser intersetoriais e internacionais. Isso acaba por caracterizar não somente a implicação ecossistêmica dos aspectos e impactos em todo o planeta, num esforço conjunto de interações para todas as nações, como também para acabar com a pobreza, proteger o planeta e construir a paz mundial, sem que ninguém deixe de participar ou de receber atenção.

Visando orientar os diferentes países em seus processos de implantação de projetos, o Pnud sistematizou-os na publicação *SDG acceleration toolkit*, que inclui metodologias, áreas de intervenção de projetos e respectivas técnicas reconhecidas para o desenvolvimento e fortalecimento da cultura de gestão de riscos e de desastres. Trata-se de um compêndio on-line de diagnósticos, documentos de orientação, modelos de simulação e processos de engajamento para: a) analisar interconexões e identificar aceleradores entre os objetivos de desenvolvimento sustentável; b) avaliar a contribuição de cada país em seu compromisso com os demais Estados-membros para "não deixar ninguém para trás"; e c) conduzir o planejamento do desenvolvimento e informação sobre riscos.

Produzida em 2017 pelo Grupo de Desenvolvimento Sustentável das Nações Unidas (GDNSU), teve por objetivos fornecer, tanto para as equipes nacionais da ONU quanto aos especialistas da agência e governos, acesso fácil às ferramentas existentes para acelerar o progresso em direção à Agenda 2030 e aos seus 17 ODS.

O kit de ferramentas é administrado em conjunto com o Fundo das Nações Unidas para a Infância (Unicef), sob os auspícios da Equipe de Tarefas do GDNSU sobre apoio integrado às políticas.

O kit de aceleração dos ODS integra ferramentas com os seguintes objetivos: a) integração e alinhamento da implantação dos ODS; b) integração e inclusão social de grupos vulneráveis; c) avaliação de riscos de desastres, alertas prévios, sistemas de gestão de desastres, redução de riscos e resiliência, redução de riscos e adaptação às mudanças climáticas, análise e resposta humanitária para gestão de conflitos e paz, e planejamento e retorno às atividades em contexto de pandemia, com especial atenção à covid-19.

No conjunto das técnicas e metodologias apresentadas pelo Pnud, três têm especial integração com os objetivos desta pesquisa, ou seja:

a. Visis[28] (Método de Código Aberto do Grupo Atkisson para Aprendizagem e Planejamento de Desenvolvimento Sustentável), desenvolvido na década de 1990 para apoiar os esforços de desenvolvimento sustentável no planejamento urbano e regional. Hoje, é aplicado em diversos setores, como negócios; governo; educação e pesquisa, e é particularmente adequado a grupos interdisciplinares, como vários departamentos em uma organização ou vários ministérios, ou agências em um ambiente governamental;

b. Teoria "U"[29], que explora a estrutura de lideranças, métodos e ferramentas práticas para agentes de mudança, e descreve uma estrutura para atualizar os "sistemas operacionais" das instituições educacionais, economias e democracias, a fim de aplicar "mudanças de sistemas baseada em consciência, a tão necessária transformação do capitalismo"; e

c. Objetivos de Desenvolvimento Interno[30], cujo objetivo é chamar atenção para a necessidade de apoiar o desenvolvimento de habilidades cognitivas e socioemocionais conforme a sistematização de 23 habilidades[31] e cinco categorias principais: a) Ser - Relacionamento consigo mesmo; b) Pensamento - Habilidades Cognitivas; c) Relacionar-se - Cuidar dos outros e do mundo; d) Colaboração - Habilidades Sociais; e) Atuando – Habilitando Mudanças.

O Pnud e o governo brasileiro, visando mapear as necessidades de formação em gestão de riscos e desastres, lançaram no ano de 2017 um diagnóstico das demandas em formação de gestão de riscos e desastres[32]. Este já apontava na época muitas das questões em discussão nesta pesquisa que ainda não foram resolvidas, entre as quais: a) as fraquezas em termos de necessidades de conhecimentos, capacidades dos agentes de Proteção e

---

[28] Visis significa: Visão, Indicadores, Sistemas, Inovação e Estratégia. Estas são as cinco etapas críticas em um processo de definição de metas, avaliação, análise, desenvolvimento de iniciativas e planejamento, em um contexto de desenvolvimento sustentável.

[29] Internacionalmente, ao avançarmos, de forma mais efetiva, nas referências certificadas pelo Pnud, verificamos o potencial da teoria "U" em relação aos objetivos gerais e específicos desta pesquisa, entretanto ela não será utilizada aqui como fundamentação.

[30] Discussão realizada e desenvolvida pela organização Inner Development Goals (IDG).

[31] Nossa fundamentação sustentar-se-á no desenvolvimento das cinco habilidades socioemocionais já reconhecidas internacionalmente e nacionalmente (Brasil), e não nas 23 habilidades inventariadas pelo ODI.

[32] BRASIL. Ministério da Integração Nacional. Secretaria Nacional de Proteção e Defesa Civil. **Diagnóstico e análise das necessidades de formação em gestão de risco e de desastres**. Projeto BRA/12/017 - Fortalecimento da cultura de gestão de risco de desastres no Brasil. Brasília: MIN/Sedec, 2014. p. 10-11.

Defesa Civil, bem como o resultado das formações existentes; b) em todos os estados, as respostas dadas pelos pesquisados, com relação às suas fraquezas, apontaram para dificuldades da capacidade de articulação institucional e falta de condições operacionais para o exercício de suas atividades diárias; c) com relação às principais dificuldades para ter acesso à formação, os pesquisados sinalizaram que as fraquezas estavam ligadas, principalmente, a questões de política, falta de reconhecimento e incentivo na formação pelo poder público municipal; d) a formação presencial foi a mais adequada, considerando a modalidade de Ensino a Distância (EaD), seguida da virtual e, por último, a semipresencial; e) na área de desastres, os dados fornecidos pelos pesquisados, tanto da sondagem em nível federal como da sondagem dos estados prioritários, constatam que a Proteção e Defesa Civil precisa melhorar sua estrutura e suas funções, tendo como ameaça à estrutura organizacional vigente o político e o econômico, que produz uma alta instabilidade em todo o sistema, como a alta rotatividade dos agentes de Proteção e Defesa Civil.

Como recomendações, o mesmo relatório revelou: a) a atenção da Proteção e Defesa Civil aos desastres é compreendida mais na direção de como atuar durante ou depois de um desastre acontecer, reforçando a necessidade de prevenção para fortalecer as capacidades de gestão de desastres que precisam ser melhoradas; b) a alta rotatividade dos gestores de Proteção e Defesa Civil exige que as capacitações sejam contínuas e reforcem os conhecimentos de conceitos e capacidades técnicas; c) a Secretaria Nacional de Proteção e Defesa Civil (Sedec) deverá reforçar os mecanismos próprios, como uma "unidade permanente de formação e capacitação" para os agentes do Sistema Nacional de Proteção e Defesa Civil (Sinpdec), em Proteção e Defesa Civil e Gestão de Risco de Desastres, em todos os níveis federativos.[33]

Por sua vez, o Projeto Elos[34] iniciado em 2021, trata do status das defesas civis municipais no Brasil, e apresentou praticamente o mesmo quadro de estudo do Pnud em 2017, com algumas variações, ou seja, pouco se avançou numa perspectiva de sistematização do Sindpec no Brasil, bem como na área de capacitação dos coordenadores regionais em Proteção e Defesa Civil, mesmo com todos os esforços e as iniciativas realizadas e em andamento.

---

[33] Pode-se inferir que a criação de quadros técnicos e de institucionalização do cargo de técnico em Proteção e Defesa Civil reduziria sensivelmente a rotatividade dos agentes e uma atenção especial para Proteção e Defesa Civil municipal em todo o país.

[34] O Projeto Elos é desenvolvido pela Sedec/MDR, por meio de cooperação internacional em parceria científica com o Centro Nacional de Monitoramento e Alertas de Desastres Naturais/Ministério da Ciência, Tecnologia e Inovação (Cemaden/MCTI) — para levantamento de informações sobre estrutura e capacidade das defesas civis municipais, visando posterior elaboração de proposta de fortalecimento da Política Nacional de Proteção e Defesa Civil nos municípios brasileiros (Brasil, 2021).

Apesar do PNUD já ter iniciado ações na área de formação em educação para gestão de riscos e desastres naturais, é crucial reconhecer que ainda há um longo caminho a ser percorrido. É necessário avançar na sistematização e desenvolvimento de pesquisas, bem como na criação de produtos técnicos e tecnológicos que possam fornecer suporte eficaz para os diferentes segmentos da sociedade na gestão de riscos e desastres.

Ademais, podemos inferir que toda ação pública na área de gestão de riscos e de desastres está voltada, principalmente, para as etapas finais do ciclo de Proteção e Defesa Civil, ou seja, resposta e reconstrução (saber fazer), e não às fases iniciais, ou seja, prevenção e mitigação (como fazer e como criar). Daí a dificuldade de instituições e gestores envolvidos em Proteção e Defesa Civil, mesmo com unidades de formação continuada, de avançar pedagogicamente numa perspectiva de ensino-aprendizagem que atenda a todo o ciclo de Proteção e Defesa Civil de forma proporcional, e não somente em atividades de ensino-aprendizagem voltadas às etapas finais do referido ciclo.

Assim, será necessário que as propostas de metodologias de ensino-aprendizagem comecem pela prevenção e terminem na reconstrução, como prevê a Lei 12.608/2012, que dispõe sobre a Política Nacional de Proteção e Defesa Civil[35].

No conjunto de áreas, metodologias e técnicas apontadas no kit de ferramentas para processos de ensino-aprendizagem, pesquisa e levantamentos sistematizados pelo Pnud, a denominada teoria "U", que trata do teatro da presença social, do laboratório social e dos Objetivos do Desenvolvimento Interno, aponta uma perspectiva de fundamentação didático-pedagógica internacional e validada em diferentes países para processos de ensino--aprendizagem relacionados aos objetivos desta pesquisa.

Assim, constataram-se, por meio das iniciativas, protocolos, marcos e estratégias internacionais relacionadas à gestão de riscos e de desastres, que existem muitas informações, contextos, metodologias, técnicas aplicáveis para processos de ensino-aprendizagem em Proteção e Defesa Civil numa perspectiva tanto técnica (racional) quanto lúdica (socioemocional), vinculando-se aos objetivos desta pesquisa, que precisam avançar e se institucionalizarem tanto no Brasil quanto na Defesa Civil do Estado de Santa Catarina.

---

[35] BRASIL. **Lei nº 12.608, de 10 de abril de 2012**. Institui a Política Nacional de Proteção e Defesa Civil - PNPDEC; dispõe sobre o Sistema Nacional de Proteção e Defesa Civil - SINPDEC e o Conselho Nacional de Proteção e Defesa Civil - CONPDEC. Brasília: Presidência da República, 2012.

Os Objetivos do Desenvolvimento Interno e a teoria "U" serão apresentados e correlacionados no terceiro capítulo, quando for realizada a discussão da perspectiva sociodramática da educação nesta pesquisa.

1.3 Estado da arte

Para que você tenha um panorama dos resultados da revisão sistemática para esta pesquisa, apresento os quadros com as informações essenciais dos 11 documentos/pesquisas que atenderam os critérios de seleção do estudo, os quais serão desdobrados na revisão sistemática das metodologias de capacitação em Proteção e Defesa Civil.

Esses documentos foram exportados para o gerenciador bibliográfico Mendeley[36], com base em duas estratégias de busca, utilizando como critério as palavras-chave "capacitação + psicodrama"; e "Defesa Civil + capacitações"[37].

Após a seleção dos documentos, o critério de avaliação foram os descritores: objetivos, públicos-alvo, terminologias utilizadas, metodologias utilizadas, pontos fortes, fracos e resultados esperados.

Quadro 3 – Documentos selecionados

TÍTULO	TIPO	FONTE
A interdisciplinaridade na formação profissional de bombeiros militares em Pernambuco sob a ótica dos discentes	Artigo	Corrêa, Pedrosa e Silva (2016)
O teatro como abordagem educativa na prevenção de risco ambiental: peça teatral "Heróis somos todos nós" em escolas de Jaraguá do Sul-SC	Dissertação de mestrado	Costa (2013)
Proposta de um modelo de certificação por competências para o uso do sistema integrado de informações sobre desastres	Dissertação de mestrado	Krüger (2014)
A formação profissional do soldado bombeiro militar de Minas Gerais: análise da malha curricular do curso de formação de soldados	Monografia de curso de especialização	Leite (2018a)

[36] O gerenciador Mendeley é um software gratuito, especializado em gerenciamento de referências bibliográficas. Convém ressaltar que nenhuma referência internacional relacionada às estratégias de busca realizada teve relação direta com os objetivos da pesquisa.

[37] O que resultou na identificação de 491 registros. Na primeira estratégia, foram identificados 94 registros, conforme, mas 7 eram duplicados, resultando em 87 documentos.

TÍTULO	TIPO	FONTE
O desenvolvimento da liderança durante a formação profissional dos sargentos do Corpo de Bombeiros Militar de Minas Gerais: uma análise focada no curso de formação de sargentos 2017	Monografia	Leite (2018b)
O desenvolvimento da liderança militar no curso de formação de oficiais: análise da formação profissional no período de 2011 a 2019	Monografia de conclusão de curso de especialização	Lima (2020)
Estudo da eficácia do treinamento profissional básico como estratégia e desenvolvimento de competências individuais no 7º Batalhão de Bombeiros Militar	Monografia de conclusão de curso de especialização em Gestão	Machado (2020)
Formação profissional do soldado bombeiro militar do Rio Grande do Norte	Trabalho de conclusão de curso de Tecnologia em Gestão	Souza (2017)
Formação profissional na segurança pública do RS: análise a partir dos seus cursos, suas escolas e academias de polícia	Artigo	Spaniol e Azevedo (2022)
Ensino de meteorologia e climatologia na formação continuada do agente de Proteção e Defesa Civil: estudo de caso na Região Semiárida do Nordeste do Brasil (RSANEB)	Artigo	Silva, Nobre e Barbosa (2021)
Sociodrama organizacional aplicado para desastres naturais no Brasil	Capítulo de livro	Silva e Bernardes (2017)

Fonte: a autora (2024)

Os autores que mais se aproximaram da proposta desta pesquisa foram Costa (2013), que acabou utilizando o teatro voltado para escolas (ensino fundamental), e não para gestores regionais em Proteção e Defesa Civil; e Krüger (2014), que procurou criar condições para que os gestores de Proteção e Defesa Civil soubessem utilizar os sistemas de informações de desastres numa perspectiva mais operacional.

Quadro 4 – Terminologias

Corrêa, Pedrosa e Silva (2016); Leite (2018a, 2018b); Souza (2017); Spaniol e Azevedo (2022); Lima (2020); Silva e Bernardes (2017); Silva, Nobre e Barbosa (2021)	Formação profissional
Costa (2013)	Abordagem educativa,
Krüger (2014)	Capacitação e Certificação por competência e
Machado (2020)	Treinamento profissional

Fonte: a autora (2024)

Quadro 5 – Metodologias

Corrêa, Pedrosa e Silva (2016)	Qualitativa: coleta de dados (questionários semiestruturados)
Costa (2013)	Qualitativa: estudo de caso
Krüger (2014)	Qualitativa e quantitativa: pesquisa bibliográfica e de campo
Leite (2018a)	Quantitativa: documentação direta (pesquisa de campo) e indireta (pesquisa bibliográfica e documental); uso de questionários estruturados
Leite (2018b)	Quantitativa: documentação direta (pesquisa de campo) e indireta (fontes bibliográficas e documentais)
Lima (2020)	Coleta de dados de pesquisa bibliográfica, documental e de campo por meio de levantamento das teorias sobre liderança, desenvolvimento da competência da liderança e formação profissional
Machado (2020)	Perspectiva quanti-qualitativa, procedimentos de coleta de dados, estudo de caso[38]
Souza (2017)	Pesquisa exploratória com abordagem descritiva, estudo de caso, aplicação de questionário aos egressos dos cursos de formação de soldados, usando como técnica de análise a estatística descritiva para a obtenção de dados primários para se estabelecer a percepção do impacto do treinamento
Spaniol e Azevedo (2022)	Análise bibliográfica e documental sobre o tema, em levantamento quantitativo das disciplinas e cargas horárias, e pesquisa qualitativa por meio de entrevistas com os gestores de ensino

[38] Que consiste no "estudo profundo e exaustivo de um ou poucos objetivos, de maneira que permita seu amplo e detalhado conhecimento", *cf.* Gil (2002, p. 54) *apud* MACHADO, Denes Antunes. **Estudo da eficácia do treinamento profissional básico como estratégia e desenvolvimento de competências individuais no 7º Batalhão de Bombeiros Militar. 2020.** Monografia (Especialização em Gestão, Proteção e Defesa Civil) – Fundação João Pinheiro, Escola de Governo Professor Paulo Neves de Carvalho, Belo Horizonte, 2020).

Silva, Nobre e Barbosa (2021)	Para a coleta de informações que objetivou esse estudo, foi usado um questionário via formulário eletrônico, contendo 15 perguntas relacionadas aos temas: conhecimento dos fenômenos meteorológicos que modulam o clima da RSANEB e sobre a formação continuada dos agentes de Proteção e Defesa Civil que atuam na região
Silva e Bernardes (2017)	Sociodrama organizacional

Fonte: a autora (2024)

Quadro 6 – Resultados

Corrêa, Pedrosa e Silva (2016)	Os egressos do Curso de Formação de Oficiais (CFO), em sua maioria, acreditam que a formação deve acontecer de forma que compatibilize a interação não compartimentada dos conhecimentos, ressaltando que essa necessidade foi viabilizada em parte no curso. A interdisciplinaridade foi percebida por grande parte dos oficiais egressos do CFO em estado primário, com demanda de um aprofundamento de estratégias e práticas que promovam o diálogo ou a interdisciplinaridade
Costa (2013)	O teatro pode se tornar, entre outras tantas, uma possível estratégia educacional para a educação ambiental, que de forma lúdica pode ser aplicado com o intuito de sensibilizar a comunidade para as questões ambientais, de forma a auxiliar o processo da aprendizagem e disseminação do conhecimento sobre, entre outros, os temas que discutimos nesta pesquisa
Krüger (2014)	O curso na formatação atual não atende às necessidades do processo de certificação por competências pela exigência de desenvolvimento de um conjunto de CHA no gestor
Leite (2018a)	A malha curricular do curso de formação de soldados não está adequada às necessidades exigidas para o exercício das funções requeridas pelo cargo de soldado bombeiro militar, sendo apresentada uma proposta de nova malha curricular para o curso
Leite (2018b)	As atividades e experiências vivenciadas pelos alunos durante o curso, aliadas à teoria estudada acerca do tema liderança, proporcionam o desenvolvimento da liderança por parte dos alunos
Lima (2020)	Aumentar a performance dos servidores públicos, responsáveis pela prestação de serviços à sociedade
Machado (2020)	A percepção dos militares quanto à eficácia dos treinamentos na corporação constatou a satisfação quanto a métodos de ensino, capacidade dos instrutores e tempo disponível para a realização de treinamentos; contudo os resultados apontaram algumas dificuldades em logística

Souza (2017)	Os cursos preparam de forma satisfatória os egressos para o desempenho das funções institucionais, mas precisam dar mais atenção a disciplinas de cunho operacional
Spaniol e Azevedo (2022)	Há avanços com a maior aderência às áreas temáticas e aos eixos articuladores da Matriz Curricular Nacional, ampliação no rol de disciplinas humanísticas e um foco maior na segurança cidadã
Silva, Nobre e Barbosa (2021)	O processo de formação dos agentes de Proteção e Defesa Civil que atuam na RSANEB necessita passar por reformulações, incluindo ou reforçando a carga horária de conteúdos sobre os conhecimentos básicos dos fenômenos meteorológicos que modulam o clima e podem causar desastres (secas ou enchentes) na região
Silva e Bernardes (2017)	Proposta para resolução dos diferentes *gaps* de gestão, ensino-aprendizagem, das instituições envolvidas na gestão de riscos e de desastres naturais

Fonte: a autora (2024)

Quadro 7 – Pontos fracos

Corrêa, Pedrosa e Silva (2016)	Há incipiência do tema Interdisciplinaridade, no campo da educação corporativa dos bombeiros militares em Pernambuco. Para a maioria dos oficiais entrevistados, sua qualificação não os prepara, pelo menos não completamente, para suas atuais funções
Costa (2013)	Estabelecer mudança na aplicação do projeto de educação ambiental nas escolas, como também no roteiro da peça, no sentido de maior aproximação com a teoria do teatro do oprimido, de Augusto Boal. Necessita de apoio do poder público e da sociedade civil
Krüger (2014)	A abordagem do curso não atende às suas necessidades; método de avaliação ineficaz
Leite (2018a)	A malha curricular dos Cursos de Formação de Soldado Bombeiro Militar (CFSd BM) não estaria adequada às necessidades exigidas para o exercício das funções requeridas pelo cargo
Leite (2018b)	Mesmo o curso sendo considerado ideal para ser mantido para os próximos anos, conclui-se que o modelo do curso se deve aliar à teoria sobre o tema Liderança para atividades práticas
Lima (2020)	Constatou-se que é necessário o aprimoramento do ensino nessa área, em especial, que haja a revisão da matriz curricular para que esteja de acordo com o perfil profissiográfico do tenente do Quadro de Oficiais Bombeiros Militares do Corpo de Bombeiros Militar de Minas Gerais, direcionado ao ensino por competências

Machado (2020)	Falta de estrutura física adequada para que os instrutores propiciem o treinamento, e com isso a demanda de tempo aumenta
Souza (2017)	A carga horária dos planos de cursos deveria abranger mais tempo, com disciplinas voltadas para a área técnica profissional. Na percepção dos egressos, há carga horária elevada de conteúdos referentes a valores militares, tais como apresentação pessoal, limpeza de cadeados e armários, arrumação de camas, faxina, podendo esse tempo, por exemplo, ser aproveitado em práticas de treinamentos simulados
Spaniol e Azevedo (2022)	Acerca dos treinamentos de adaptação ao serviço de bombeiro militar, assim como também ocorre nos cursos de formação das polícias militares, há uma série de procedimentos chamados de "currículos ocultos" que se estendem (ou podem se estender) ao longo dos cursos e que não aparecem nos registros oficiais das escolas de formação
Silva1, Nobre e Barbosa (2021)	O processo de formação dos agentes de Proteção e Defesa Civil que atuam na RSANEB necessita passar por reformulações, incluindo ou reforçando a carga horária de conteúdos sobre os conhecimentos básicos dos fenômenos meteorológicos que modulam o clima e podem causar desastres (secas ou enchentes) na região
Silva e Bernardes (2017)	A inexistência de quadros técnicos para gestão de risco e de desastres nas prefeituras e nos estados brasileiros e políticas públicas desatreladas das competências federais, para que as populações e os agentes públicos respectivos fortaleçam-se, mobilizando-os para a ação

Fonte: a autora (2024)

Quadro 8 – Pontos fortes

Corrêa, Pedrosa e Silva (2016)	Promove o debate sobre a formação corporativa e a interdisciplinaridade.
Costa (2013)	A peça teatral *Heróis somos todos nós* mostrou-se instrumento de sensibilização nos temas Defesa Civil, Percepção e Prevenção de Risco Ambiental
Krüger (2014)	Propõe desenvolver o CHA; o debate de como capacitar os gestores de Defesa Civil por meio do desenvolvimento de um método de certificação por competências para uso do Sistema Integrado de Informações sobre Desastres
Leite (2018a)	A referida unidade é credenciada como instituição de ensino superior; tem grade curricular; atividades extracurriculares que complementam a formação, tais como treinamentos físicos, atividades técnicas simuladas e acampamentos

Leite (2018b)	A referida unidade é credenciada como instituição de ensino superior; tem grade curricular; atividades extracurriculares que complementam a formação, tais como treinamentos físicos, atividades técnicas simuladas e acampamentos
Lima (2020)	Preocupação com a qualidade da gestão
Machado (2020)	Busca desenvolver no ser humano uma postura proativa, não apenas procurando resolver problemas, mas envolvendo-o num processo constante de aprendizagem com fulcro na competência
Souza (2017)	Levanta o debate sobre a situação presente: Aonde querem chegar? Como medir os resultados? E quanto custará? Aponta um caminho para isso, que é criar um programa de treinamento bem planejado; propõe desenvolver o CHA
Spaniol e Azevedo (2022)	Foram estudados os avanços e desafios nesse campo no período posterior à Constituição de 1988 e à adoção da Matriz Curricular Nacional, que buscou uniformizar as ações formativas dos policiais brasileiros
Silva1, Nobre e Barbosa (2021)	Observou-se que a matriz curricular do curso de formação desses agentes se baseia na formação para o conhecimento da organização estrutural da Defesa Civil, como conteúdos que passam pelo histórico da implantação da Defesa Civil no país, apresentação e prática de preenchimento dos formulários de informações sobre os desastres, assim como tipificação e codificação dos desastres observados na região
Silva e Bernardes (2017)	Mapeia o status atual das instituições públicas envolvidas na gestão de riscos e de desastres ambientais, torna possível a compreensão da verdadeira dimensão das dificuldades para mobilização para ação

Fonte: a autora (2024)

Sobre o local de realização dos estudos, estes foram:

Figura 4 – Distribuição espacial dos estudos analisados

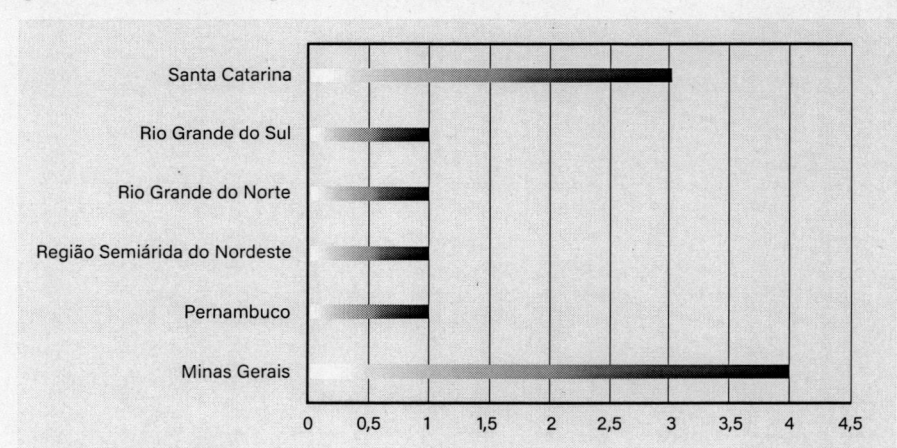

Fonte: a autora (2024)

Pernambuco

1. "A interdisciplinaridade na formação profissional de bombeiros militares em Pernambuco sob a ótica dos discentes".

Minas Gerais

1. "A formação profissional do soldado bombeiro militar de Minas Gerais: análise da malha curricular do curso de formação de soldados";

2. "O desenvolvimento da liderança durante a formação profissional dos sargentos do corpo de bombeiros militar de Minas Gerais: uma análise focada no curso de formação de sargentos 2017";

3. "Estudo da eficácia do treinamento profissional básico como estratégia e desenvolvimento de competências individuais no 7º Batalhão de Bombeiros Militar"; e

4. "O desenvolvimento da liderança militar no curso de formação de oficiais: análise da formação profissional no período de 2011 a 2019".

Santa Catarina

1. "Proposta de um modelo de certificação por competências para o uso do Sistema Integrado de Informações sobre Desastres";

2. "O teatro como abordagem educativa na prevenção de risco ambiental: 'Heróis somos todos nós', em escolas de Jaraguá do Sul-SC";

3. "Sociodrama organizacional em âmbito nacional aplicado para desastres naturais".

Rio Grande do Norte

1. "A formação profissional do soldado bombeiro militar do Rio Grande do Norte".

Rio Grande do Sul

1. "Formação profissional na segurança pública do RS: análise a partir dos seus cursos, suas escolas e academias de polícia".

Região semiárida do Nordeste brasileiro

1. "Ensino de meteorologia e climatologia na formação continuada do agente de Proteção e Defesa Civil: estudo de caso na região semiárida do Nordeste do Brasil".

2

SOCIODRAMA NA EDUCAÇÃO

O princípio básico do psicodrama como abordagem pedagógica está fundamentado no referencial teórico de Moreno[39], criador da socionomia (ciência das leis sociais), que se desdobra em três grandes áreas:

Sociodinâmica
Sociometria
Sociatria

Para que você possa compreender a sociatria[40] em sua perspectiva pedagógica, é conveniente entender também a inter-relação desta com as demais áreas, acrescida de sua respectiva fundamentação, de base fenomenológica existencial, com as técnicas, os métodos e os jogos relacionais, e suas implicações não só para a educação para além do século XXI, como também para as instituições que operam os processos de formação continuada em Proteção e Defesa Civil.

Logo, todo projeto que envolve a socionomia é complexo, atravessa todas as ciências sociais, quando trata dos fenômenos sociais em profundidade (antropologia, ontologia, sociologia e política), envolvendo ainda discussões sobre outras áreas de conhecimento, como medicina, geografia, ciências, matemática, engenharia, saúde, comunicação, artes, entre outras.

Moreno e Romaña

Jacob Levy Moreno (1889-1974) é considerado o pai da socionomia — mais conhecida como psicodrama, é a "ciência que explora a verdade através de métodos dramáticos"[41] e das "relações interpessoais e de mundo

---

[39] MORENO, 1959.

[40] Texto não publicado, escrito pela professora Marilia Marino em 2018 com o título *Psicodrama, educação e saúde: terminologias referentes a métodos e técnicas*, compartilhado comigo em 2023.

[41] MORENO, 1992, p. 183.

particulares"[42]. Moreno era de Bucareste, sudoeste da Romênia, foi médico, psiquiatra, filósofo e dramaturgo. Quando jovem, teve várias fases, achava-se o escolhido de Deus, e almejava construir o que a ciência não conseguira sem a religião, e o que a religião não conseguira sem a ciência. Almejava ainda uma teoria da personalidade superior à de Freud, "o psicodrama", e uma teoria social superior à de Marx, a "sociometria". Para tanto, criou a "socionomia", um projeto mundial de cura e de paz para a humanidade por meio da psico-terapia de grupo, que, posteriormente, mediante os sociodramas de natureza clínica, foi retomado para fins didático-pedagógica, portanto não clínicos.

Junto à sua família, aos 5 anos, mudou-se para Viena, e foi lá que participou de sua primeira experiência axiológica, em que ele e várias outras crianças brincavam de ser anjos e Deus. "Naturalmente", Moreno era o próprio Deus. Assim, na tentativa de "subir aos céus", por meio de várias cadeiras empilhadas, a brincadeira terminou quando Moreno caiu e quebrou o braço direito.

No início de sua carreira, Jacob Levy Moreno se inspirou em tradições religiosas, filosofia grega e teatro tradicional, transitando para o teatro da espon-taneidade na fase científica. Em 1917, ele completou sua formação em medicina.

Aos 30 anos, Moreno fundou o movimento religioso conhecido como "seinismo", que se propunha como uma religião do ser focada na ajuda e na cura. Esse movimento pode ser visto como uma forma de existencialismo cristão, que enfatizava a ciência do ser e integrava o conceito de "momento" no tempo e no espaço indeterminado.

O poema "Divisa", de sua autoria, é uma reflexão sobre a ciência e a indeterminação: "Mais importante do que a ciência é o seu resultado; uma resposta provoca uma centena de perguntas. O lugar indeterminado, a palavra indeterminada para o homem determinado". A sociometria e o sociodrama na educação foram aplicados por Moreno desde 1952 em várias regiões e escolas dos Estados Unidos[43].

---

[42] *Ibidem*, p. 183.

[43] Entre os professores e pesquisadores que contribuíram na ocasião, podemos citar: A Escola Pública nº 181 em Brooklyn, Nova York; Escola de Riverdale, Riverdale, NY; Faculdade Hunter, cidade de NY; Escola Secundária de Collinwood e Escola Hazedell, em Cleveland, Ohio; Escola de Primeiro Grau Gove, em Denver, Colorado; Escola New Park Avenue, em Hartford, Connecticut; Escola Clara Barton, Escola Margaret Fuller, Escola Secundária Ramsey e Washburn, em Mineápolis, Minnesota; Escola Canden Street, Escola Central Avenue e Escola Pré--Vocacional para Meninas, em Newark, New Jersey; Escola Colfa, Escola Secundária Vocacional para Meninas (Unidade Irwin Avenue), Escola H. C. Frick e Escola Manchester, em Pittsburgh, Pensilvânia; Escola Thomas A. em Providence, Rhode Island; Escola Secundária Vashon, em St. Louis, Missouri; Escola Lake, em Shorewood, Wisconsin e Escola Secundária Adams, em South Bend, Indiana (Moreno, 1992, p. 93).

Entretanto, sua primeira experiência pedagógica deu-se ainda na adolescência, quando ministrou aulas particulares para algumas crianças com dificuldade de aprendizagem. Posteriormente, enquanto estudante de medicina, passou a realizar dramatizações com crianças nos jardins de Viena, com o objetivo ajudá-las a desenvolver a espontaneidade, a criatividade e orientá-las a respeito da aquisição do conhecimento. Entre 1915 e 1917, desenvolveu atividades num campo de refugiados tiroleses, onde observou as interações grupais e suas características psicológicas. Em 1921, implantou o "teatro da espontaneidade", cuja experiência serviu de base para o desenvolvimento da psicoterapia de grupo, decorrente da função terapêutica das dramatizações, teatro que avançou para o terapêutico e este para o psicodrama.

Ao fim da Primeira Guerra Mundial, com sua entrada para o teatro, em Viena, Moreno começou a vislumbrar a possibilidade de o homem ser um ator no teatro de sua própria vida e, a partir daí, reconhecer e resolver alguns de seus conflitos. No psicodrama e na sociometria, Moreno encontrou caminhos para a sua grande energia criadora e para ambas as inovações, o psicodrama e a ciência da sociometria, contribuições eminentes para a psicoterapia e a psicologia social.

Em 1931, abriu uma clínica psiquiátrica em Beacon, Nova York, realizando a primeira apresentação psicodramática pública já nos Estados Unidos. Em 1942, criou a Sociedade de Psicodrama e Psicoterapia de Grupo, incorporada à Sociedade Americana de Psicoterapia de Grupo e Psicodrama.

A realização de congressos internacionais de psicodrama foi um dos grandes objetivos de Moreno. Em 1950, participou do I Congresso Mundial de Psiquiatria, em Paris. Este teve a participação de mil pessoas, que representavam 35 países. Entre os anos de 1964 e 1974, foram realizadas 11 edições desse congresso, em Milão, Barcelona, Buenos Aires, São Paulo, Amsterdã, Tóquio e Zurique.

Os últimos 20 anos da vida de Moreno foram de expansão e consolidação do psicodrama. Durante esse período, trabalhou para estabelecer duas importantes associações: a Associação Internacional de Psicoterapia de Grupo e a Associação Internacional de Psicodrama. Em 14 de maio de 1974, Jacob Levy Moreno faleceu em 14 de maio de 1974, em Beacon, Nova York, aos 85 anos. As implicações de algumas das ideias de Moreno eram desafiadoras e prematuras para sua época, fez duras críticas às teorias da aprendizagem — segundo suas observações, "muitos distúrbios emocionais da personalidade em desenvolvimento são um resultado imediato das perplexidades e incongruências do nosso sistema educacional"[44].

Jacob Levy Moreno reconheceu a influência do trabalho de Jean-Jacques Rousseau, Friedrich Froebel, Johann Heinrich Pestalozzi e Maria Montessori nas mudanças na teoria educacional. No entanto, ele reagiu criticamente à educação progressista e procurou remodelar a educação por meio de uma abordagem prática, focada no treinamento da espontaneidade e na aplicação do psicodrama. Moreno acreditava que a educação deveria integrar ação e terapia, promovendo a aprendizagem ativa e a expressão espontânea. Da mesma forma, John Dewey, ao ler a obra de Moreno *Quem sobreviverá?*, escreveu que a sociometria parecia ser o próximo estágio. Assim, Dewey[45] e seus seguidores também advogaram uma educação pela ação.

O "solo" para a sociometria foi fundado pelos seguintes autores: John Baldwin, C. H. Cooley, G. H. Meade, W. I. Thomas e John Dewey. No Brasil, Anísio Teixeira foi aluno de John Dewey na Universidade de Colúmbia, em Nova York, de onde trouxe as ideias, na década de 1930.

No entanto, de acordo com o Dr. Moreno, as ideias de Froebel, Montessori e outros educadores sobre espontaneidade e jogos eram intuitivas e míticas, sem um reconhecimento pleno de seu valor terapêutico. Moreno argumenta que o trabalho de reforma educacional de Rousseau foi apenas superficial. Ele acreditava que uma aprendizagem verdadeiramente eficaz deveria buscar a cura através do processo criativo, permitindo ao aprendiz criar continuamente, desde o ensino fundamental até a universidade. Além disso, Moreno defendia que toda escola deveria contar com um palco psicodramático, ou seja, um laboratório de criatividade.

Nessa mesma perspectiva, a pedagoga argentina Maria Alicia Romaña foi pioneira ao desenvolver o psicodrama aplicado à pedagogia. A autora estabelece a evolução de seu trabalho em uma linha temporal entre 1963 a 1995, onde iniciou com as técnicas psicodramáticas aplicadas à educação (1963-1969), Método educacional psicodramático (1969), psicodrama pedagógico (1970) e, por fim, em sua fase mais avançada, a pedagogia do drama (1995), que busca dar respostas para oito perguntas pertinentes à sua obra, sustentada pela teoria sócio-histórica de Vygo-

---

[44] *Idem*, 2015, p. 185.

[45] John Dewey (1859-1952) foi um filósofo e pedagogo norte-americano que defendia a democracia e a liberdade de pensamento como instrumentos para a maturação emocional e intelectual das crianças. Para ele, o pensamento não existe isolado da ação. Suas ideias foram trazidas para o Brasil por Anísio Teixeira.

tsky (1896-1934); pela ética da pedagogia da autonomia, de Paulo Freire (1921-1997); e na fundamentação sociopsicodramática de Jacob Levy Moreno (1889-1974).

Em 1969, Romaña[46], mudou-se para São Paulo, criando a primeira escola de psicodrama, com ênfase nos processos de aprendizagem em três níveis de dramatização: a) nível real; b) nível simbólico; e c) nível da fantasia. Nestes, a realidade e o conteúdo são o que o aluno sabe; no nível simbólico, abandona-se o caminho analítico para construções próprias a respeito do conteúdo; e, no nível da fantasia, vincula-se à espontaneidade.

Na história do psicodrama pedagógico, é certo, muitas questões foram objeto de investigação, contudo Romaña tinha as seguintes inquietações:

> Como introduzir as dramatizações na sala de aula?
> Como aconteceria a organização do conhecimento no aluno, quando trabalhado por meio de técnicas psicodramáticas?
> Quais as técnicas psicodramáticas que poderiam ser utilizadas na situação de aprendizagem?
> Como organizar o educador na coordenação das dramatizações?
> A espontaneidade/criatividade pode ou não ser orientada?
> Qual das formas prováveis de realização das dramatizações é a mais adequada na situação de aprendizagem?[47]

Romaña utilizou a dramatização em diversas situações, concluindo que poderiam ser utilizadas desde o ensino fundamental até a universidade, mas ressaltando que há necessidade de formação especial.

Em sua prática educativa, utilizou as dramatizações em diferentes situações:

> 1. Fixar e exemplificar o conhecimento;
> 2. Encontrar as soluções alternativas aos problemas disciplinares;
> 3. Desenvolver papéis novos (estágios no magistério);
> 4. Como prevenção de situações ansiógenas (provas);
> 5. Sensibilizar grupos;
> 6. Elaborar mudanças (de professores, de classe, de turma, de escola);
> 7. Avaliar o trabalho em equipe.[48]

---

[46] ROMAÑA, Maria Alicia. **Do psicodrama pedagógico à pedagogia do drama**. Campinas: Papirus, 1996.

[47] *Idem*. **Psicodrama pedagógico**: método educacional psicodramático. 2. ed. Campinas: Papirus, 1987. p. 17.

[48] *Ibidem*, p. 27.

Para Romaña, os métodos ativos na aprendizagem tornam evidentes as dificuldades dos alunos, bem como os passos que possibilitariam criar seus próprios caminhos para o conhecimento. Há muito se sabe sobre o valor dos métodos ativos, e nesse sentido a autora exemplifica alguns dos trabalhos que tiveram maior eficácia na fundamentação de seu trabalho.

a. O aluno aprende em relação a objetos, situações ou conceitos concretos e precisos;
b. O aluno não aprende sozinho;
c. O aluno incorpora um método, ao mesmo tempo um conhecimento;
d. O aluno elabora, além de uma ideia, também, uma imagem;
e. Com o conhecimento, o aluno amplia sua experiência em relação ao espaço e ao tempo.[49]

No decorrer de suas pesquisas em relação ao uso das técnicas psicodramáticas e após vários experimentos, Romaña descobre que há necessidade de se ter um caminho metodológico que possa estruturar os três planos da aprendizagem dramática:

1º passo: Aproximação intuitiva e afetiva (a dramatização é real e surge da experiência ou dos dados de referência).
2º passo: Aproximação racional ou conceitual (a dramatização é simbólica).
3º passo: Aproximação funcional (a dramatização se dá no patamar da fantasia).[50]

Romaña avança em suas pesquisas e apresenta no ano de 1995 suas ideias sobre a pedagogia do drama, no IV Congresso Nacional da Sociedade Brasileira de Psicodrama (Sobrap), em Uberaba, com os seguintes pressupostos:

1. Criar as condições para incorporar no processo do aprendizado a experiência de vida dos sujeitos aprendizes;
2. Subordinar o conhecimento curricular a esta experiência;
3. Aprender na ação;
4. Desvendar a natureza do saber, adquirindo instrumentos de uso cotidiano, a começar de uma metodologia de ensino democrática, participativa e (se possível) antecipatória.[51]

Os procedimentos para se utilizar a pedagogia do drama são:

---

[49] *Ibidem*, p. 29.
[50] *Ibidem*, p. 39.
[51] *Idem*. **Pedagogia do drama**: 8 perguntas & 3 relatos. São Paulo: Casa do Psicólogo, 2004. p. 48.

1) Contextualização do conhecimento que será trabalhado;
2) Apresentação de algumas ou várias atividades que aqueçam os participantes na direção do saber que será construído;
3) Apresentação dramática do assunto, através do teatro espontâneo, jornal vivo ou algum tipo de vivência sociodramática ou performance;
4) Inserção dos participantes em atividades que sejam ressonâncias dramáticas da fase anterior;
5) Encerramento com comentários, reflexões e enunciação dos propósitos dos participantes.[52]

A autora sugere uma direção flexível e que se trabalhe com seleção de músicas e objetos para que se possa atingir, de forma mais ampliada, os aspectos didáticos e psicodramáticos do drama, conforme com os seguintes passos:

1. Identificar e colocar em foco a concepção do aprendiz;
2. Estabelecer uma sintonia compreensiva com a concepção do aprendiz;
3. Oferecer esclarecimentos e negociar sentidos, a partir dos dados de realidade e dos saberes preexistentes;
4. Desafiar a consistência da concepção do aprendiz, sugerindo alternativas para ela, propondo inseri-la em outros contextos.[53]

Conforme a figura a seguir, no psicodrama pedagógico, a autora apresenta o método educacional psicodramático por meio da dramatização no plano da realidade, no plano simbólico e no plano da fantasia. Já na pedagogia do drama, sua fase mais avançada foca um assunto abrangente para se trabalhar em equipe, valendo-se de abordagens psicodramáticas.

De acordo com Silva e Bernardes[54], a passagem do lócus terapêutico para o pedagógico foi realizada por Romaña[55]. Nessa perspectiva, vários autores vêm recriando as bases da educação com fundamento no psicodrama, utilizando o método do sociodrama no *setting* pedagógico. Entre estes, podemos citar: Lima e Liske; Puttini e Lima; Diniz; Fava; Malufe e Szymanski; Siqueira; Furlan; Yozo; Teixeira; Romãna; Silva; Marino; Drummond e Souza, entre os demais pesquisadores na área do psicodrama socioeducacional.

---

[52] *Ibidem*, p. 55.

[53] *Ibidem*, p. 56.

[54] SILVA, Harrysson Luiz da; BERNARDES, Marcia Pereira. Sociodrama organizacional aplicado para desastres naturais no Brasil. *In*: CORETTE, Pasa Maria; DAVID, Margô de (org.). **Múltiplos olhares sobre a biodiversidade**. Cuiabá: EdUFMT, 2017. v. 5, p. 47-82. *Ebook*.

[55] ROMAÑA, Maria Alicia. **Psicodrama pedagógico**. Campinas: São Paulo, 1985.

Figura 5 – Diferença entre psicodrama pedagógico e pedagogia do drama

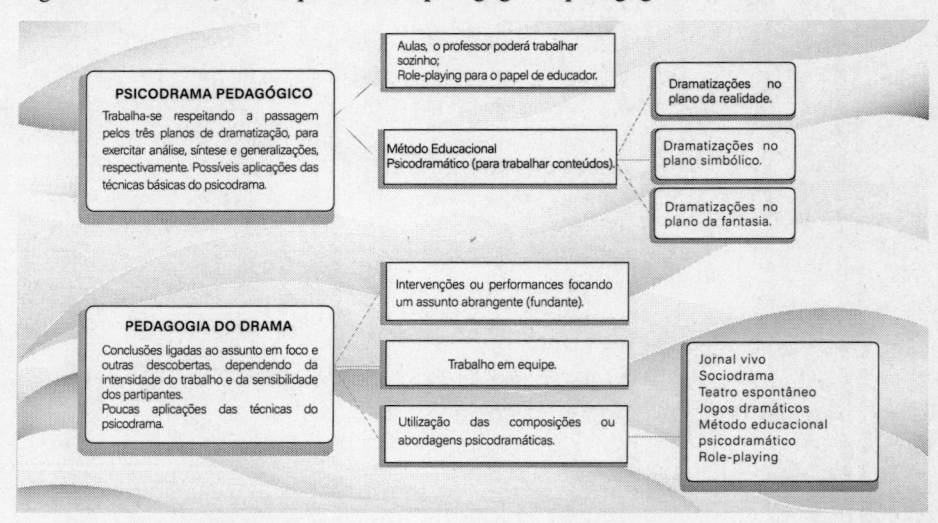

Fonte: a autora (2024), adaptada de Romaña (2004)

2.1 Sociodinâmica, sociometria e sociatria

Como vimos, a socionomia está dividida em três grandes áreas:

a. A *sociodinâmica* verifica a dinâmica das relações sociais e grupais por meio da teoria dos papéis;

b. A *sociometria*, as relações grupais valendo-se do teste sociométrico; e

c. A *sociatria*, pelo método do sociodrama — que aqui é aplicável a contextos extremos por meio de processos de ensino-aprendizagem fundamentados em teorias, métodos, e de recursos didáticos que envolvem métodos, técnicas, jogos sociodramáticos.

Figura 6 – Estrutura da socionomia

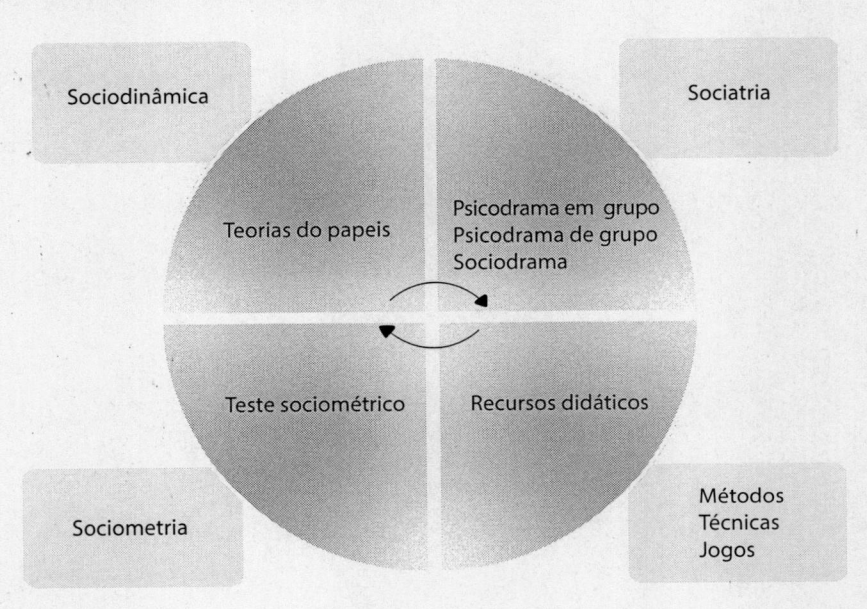

Fonte: Silva (2018)

Assim como o "drama" no contexto inglês, o sociodrama no meio pedagógico ainda é igualmente desconhecido, ou pouco conhecido, em todos os âmbitos das escolas e universidades do Brasil. Logo, espera-se que a socionomia seja o fundamento das habilidades socioemocionais, na garantia da aplicabilidade das habilidades e competências na educação, por meio dos sociodramas pedagógico-matriciais, bem como nos processos de capacitação para coordenadores de Proteção e Defesa Civil em contextos extremos do estado de Santa Catarina.

2.2 Sociodrama pedagógico

Em muito se difere o "psicodrama" (objetivos clínicos e relação paciente vs. terapeuta) do "psicodrama pedagógico" (objetivos didático-pedagógicos com grupos terapêuticos de alunos, professores e comunidade escolar). Entretanto, os instrumentos, os contextos e as etapas de um sociodrama pedagógico-matricial são os mesmos, e utilizam-se dos mesmos recursos tanto para fundamentar quanto tornar possível a capacitação de gestores públicos de Proteção e Defesa Civil, conforme figura a seguir.

Figura 7 – Instrumentos, contextos, etapas, e técnicas e métodos

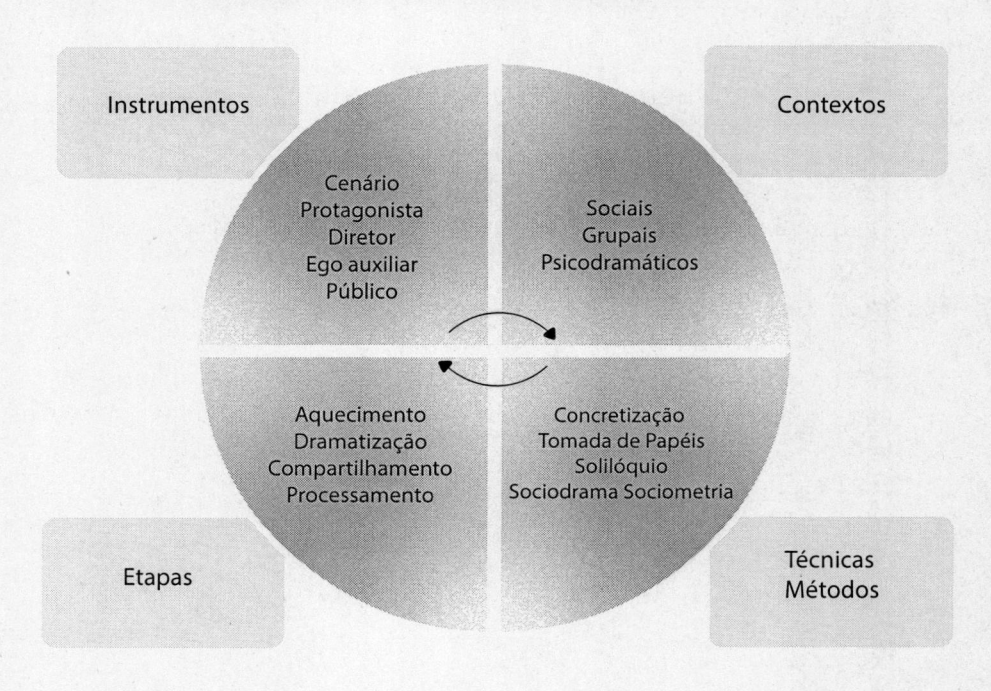

Fonte: a autora (2024), adaptada de Silva (2018)

O sociodrama considera três contextos: o social, o grupal e o dramático. E trata respectivamente de: a) ambiente cultural no qual os indivíduos e grupos desenvolvem seus papéis sociais e profissionais; b) instrumentos, contextos, etapas, e técnicas e método[56].

2.3 Métodos, teorias e técnicas psicodramáticas

Os métodos e as teorias e técnicas psicodramáticas utilizadas na pesquisa são reconhecidos internacionalmente e pensados tanto para profissionais da área da educação quanto para os coordenadores de Proteção e Defesa Civil.

No desenvolvimento dos sociodramas, já foram identificadas mais de 300 técnicas derivadas de *role taking*, *role playing* e *role creating* (estes são movimentos, ou seja, etapas na construção de papéis sociais: do apropriar-

---

[56] Não é objetivo entrar em todos os detalhamentos dos instrumentos, contextos e etapas.

-se do papel, ao jogar o papel até criar no papel), que podem ser propostas conforme a matriz de identidade dos indivíduos do grupo, sendo possível elaborar cenas, fazer perguntas a vida social e a construção humana — *Quem sou? Onde estou? Quando? Com quem? Para quê?* — bem como verificar o panorama do aprendizado e desenvolver habilidades e competências, observar o clima, o tempo, a tensão, a resiliência, a empatia e o contexto social, cultural, político, histórico e ambiental[57].

Não serão aprofundadas todas as teorias e técnicas da socionomia; somente aquelas que serão utilizadas nesta pesquisa, caracterizando os princípios da espontaneidade por meio da teoria da espontaneidade, da criatividade e do desenvolvimento infantil como a pedra angular de todo o modelo moreniano.

Espontaneidade

"A espontaneidade é a resposta adequada a uma nova situação ou uma nova resposta a uma situação antiga"[58]. Entretanto,

> [...] a espontaneidade sem criatividade é vazia e abortiva. A espontaneidade e a criatividade são, assim, categorias de ordem diferente; a criatividade pertence à categoria de substância - é a arqui-substância, enquanto a espontaneidade pertence à categoria dos catalisadores, é o arqui-catalisador.[59]

É o aquecimento que leva à espontaneidade, e nessa interação acontece o despertar da criatividade, gerando a conserva cultural, numa constante espiral, sendo a espontaneidade o catalisador que revitaliza o processo criativo, capaz de gerar novas respostas para diferentes situações.

A seguir, tem-se a figura da espiral da criatividade, espontaneidade e conserva cultural:

---

[57] TEIXEIRA, 2020.
[58] MORENO, 1974, p. 58.
[59] *Idem*, 1992, p. 147.

Figura 8 – Espiral da criatividade, espontaneidade e conserva cultural

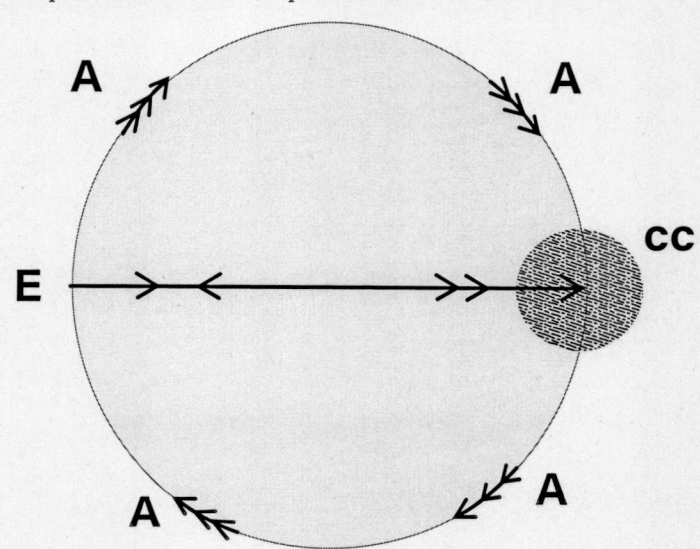

Fonte: a autora (2024), adaptada de Moreno (1992, p. 153)

Nesse contexto, a espontaneidade e a conserva cultural coadunam-se, e o valor da espontaneidade torna-se biológico e social tanto para o cientista quanto para o político, o artista e o professor, tendo na conserva cultural a resposta parcial, na medida em que se torna parte integrante da cultura humana quando se converte em livro ou numa sinfonia.

Entretanto, quando as funções da espontaneidade são negligenciadas, desenvolve-se a "desunidade do eu", provocando a desordem, o embotamento e a doença, sendo prudente o treinamento da espontaneidade mediante exercícios em laboratório de criaturgia[60], em que o sujeito é colocado em situação inusitada para ver como atua em situações de surpresa.

> Estudos realizados a partir da teoria da espontaneidade e do desenvolvimento infantil, sobre as funções cerebrais em relação à flexibilidade ou rigidez dos indivíduos frente à mobilização para a ação de suas capacidades a incidentes inesperados, demonstraram um desenvolvimento rudimentar quando comparado com qualquer outra função cerebral (inteligência, memória).[61]

---

[60] O laboratório de criaturgia pensado para a área de Proteção em Defesa Civil foi denominado e registrado Defesoteca®, como resultado de estudos e pesquisas posteriores, não sendo objeto de investigação nesta pesquisa.

[61] MORENO, 2015, p. 97.

Os testes psicológicos e as "técnicas de surpresa" a serem utilizadas para observação da espontaneidade, mobilizando-a para ação e tomada de decisão, apontaram que, quando o indivíduo se depara com eventos de surpresa, concomitantemente ao estresse pelo uso demasiado da tecnologia, torna-se inapto em face de eventos extremos[62]. Daí se concluir que os sujeitos assustados ou perplexos dão respostas inadequadas, pouco organizadas ou nenhuma resposta, o que significa dizer que sua espontaneidade e sua criatividade estão pouco desenvolvidas. Ansiedade, medo e pânico são emoções resultantes da perda da espontaneidade, por isso esta precisa ser treinada para que possa mobilizar conhecimentos e capacidades técnicas próprias para ações mais adequadas em eventos extremos.

Para a realização de sociodrama pedagógico-matricial, serão considerados três (três) contextos: social; grupal; e do "como se"/psicodramático. Assim como cinco instrumentos: diretor, protagonista, público, egos auxiliares e cenários. As três etapas de aquecimento são: específico e inespecífico, dramatização e compartilhamento. Mas, para que se possa estabelecer um nexo relacional entre as habilidades socioemocionais e a socionomia, no âmbito da pedagogia, é preciso primeiramente: a) identificar as relações entre a socionomia com a pedagogia; b) verificar quais conceitos da socionomia têm relação direta com as habilidades socioemocionais para o alcance dos pilares da educação para o século XXI, conforme o quadro a seguir.

Quadro 9 – Conceitos socioemocionais e conceitos socionômicos

CONCEITOS SOCIOEMOCIONAIS	CONCEITOS SOCIONÔMICOS	PILARES DA EDUCAÇÃO
Abrir-se a novas experiências	Conserva cultural	Aprender a conviver
Conscienciosidade	Tomada do papel	Aprender a fazer
Extroversão Amabilidade	Espontaneidade e criatividade/ telessensibilidade	Aprender a conhecer
Estabilidade emocional/ neuroticismo	Seinismo	Aprender a ser

Fonte: a autora (2024), adaptada de Teixeira (2020)

---

[62] *Ibidem.*

Logo, os princípios desta pesquisa consistem em correlacionar os conceitos socioemocionais (pedagogia) e socionômicos (sociatria) no alcance dos pilares da educação, de acordo com a:

a. Teoria da espontaneidade e da criatividade;

b. Teoria dos papéis;

c. Teoria da espontaneidade e do desenvolvimento infantil;

d. Teoria do núcleo do eu;

e. Teoria do momento;

f. Teoria da matriz de identidade[63].

A seguir serão descritas a estrutura teórica, a técnica a ser utilizada, o pilar da educação da Unesco a ser considerado, a correlação entre os conceitos socionômicos e socioemocionais e a temática a ser tratada, em cada um dos quatro sociodramas realizados nesta pesquisa.

Sociodrama I: temática "Abertura a novas experiências"[64]

Refere-se à tendência de o sujeito estar aberto a novas experiências estéticas, culturais e intelectuais", e objetiva orientar os coordenadores regionais de Defesa Civil a agirem com flexibilidade e em torno de seus interesses para desprender, descolar, desenrolar, desembotar, imaginar e criar, conforme quadro a seguir:

Quadro 10 – Sociodrama I

SOCIODRAMA	CORRELAÇÃO	TEORIA	TÉCNICA	PILAR DA EDUCAÇÃO
Integração e clima organizacional entre áreas: corpo, mente e ambiente	Abertura a novas experiências: conserva cultural, e espontaneidade e criatividade	Núcleo do eu[65]	O papel do corpo humano	Aprender a conviver

Fonte: Teixeira (2020)

---

[63] Essas teorias fundamentam os sociodramas I, II, III, e IV, que serão desdobrados no capítulo 6 deste livro.

[64] ABED, Anita. **O desenvolvimento das habilidades socioemocionais como caminho para a aprendizagem e o sucesso escolar de alunos da educação básica**. São Paulo: Unesco; MEC, 2014.

[65] A teoria do desenvolvimento da matriz de identidade foi sistematizada para fins psicoterapêuticos pelo psiquiatra Victor R. C. Dias (1987).

A conserva cultural (valores de uma determinada cultura) está relacionada à cristalização da ação criadora de um produto novo.

Aprender a conviver desenvolve a compreensão do outro e a percepção das interdependências na realização de projetos comuns, preparando para gerir conflitos, com base nos valores de pluralismo, compreensão mútua e cultura de paz[66].

As conservas culturais devem constituir somente o princípio da ação, evitando, assim, a cristalização do processo criativo, que pode se refletir em objetos (livros), tradições, comportamento, usos e costumes (crenças, ideais).

Para avançar num processo didático-pedagógico, será necessário identificar os perfis psicossomáticos relacionados às áreas mente, corpo, ambiente; as áreas de atuação dos coordenadores regionais em Proteção e Defesa Civil; bem como a estrutura da matriz de identidade grupal, que só será atingida por meio de um programa de formação continuada numa perspectiva socioemocional.

Por isso, é preciso fazer integrar a compreensão da teoria do núcleo do eu[67] (mente, corpo, ambiente), desenvolvida por Bermúdez, cuja importância está em perceber áreas de conflito num processo de gestão do ciclo de Proteção e Defesa Civil, conforme será utilizado nas matrizes de avaliação.

Assim, corpo, mente e ambiente, como perfis psicossomáticos dos coordenadores regionais, integram-se na estrutura de gestão do ciclo de Proteção e Defesa Civil, por meio da técnica desenvolvida e utilizada pela autora nesta pesquisa, denominada "as metáforas do corpo humano no papel".

Sociodrama II: temática "Conscienciosidade"

É uma característica relacionada a ser organizado, esforçado e responsável. Objetiva orientar os coordenadores regionais em Proteção e Defesa Civil a ser cuidadosos, organizados, honrados, justos, honestos e autônomos. Correlaciona-se à tomada do papel, no momento que o sujeito atua de acordo com o papel que assume em determinado contexto de evento extremo, conforme quadro a seguir:

---

[66] DELORS, 1996.

[67] Teoria do desenvolvimento por Rojas-Bermúdez, que estabelece nexo relacional entre os fenômenos. A teoria do núcleo do eu/esquema de papéis, também chamada de *teoria emergentista da personalidade*, debruça-se sobre alguns conceitos básicos da constituição do eu — desempenho de papéis psicossomáticos, psicodramáticos e sociais, situando o eu natural como emergente do núcleo do eu, que provém no ato do nascimento como uma sensação básica de existir, representada pelo Si Mesmo Fisiológico (SMF), *cf.* Rojas-Bermúdez (1978, 1998 *apud* GUIMARÃES, Leonídia Alfredo. Teoria do núcleo do eu de Rojas-Bermúdez e sua correlação com o imagodrama. **Revista Brasileira de Psicodrama**, São Paulo, v. 29, n. 3, p. 163-171, set./dez. 2021).

Quadro 11 – Sociodrama II

SOCIO-DRAMA	CORRELA-ÇÃO	TEORIA	TÉCNICA	PILAR DA EDUCAÇÃO
Desenvolvimento de papéis	Consciensiosidade/ tomada do papel	Teoria dos papéis; Teoria da matriz de identidade	Teoria do papel; Ferramenta "trem"; *Role taking* (duplo; sensibilizar); *Role playing* (espelho; percepção); *Role creating* (inversão de papéis)	Aprender a fazer

Fonte: Teixeira (2020)

"Aprender a fazer" implica adquirir não somente uma qualificação profissional de uma maneira mais ampla, competências que tornem a pessoa apta a enfrentar numerosas situações, a trabalhar em equipe, mas também "aprender a fazer" diversas experiências sociais ou de trabalho, que se oferecem a jovens e adolescentes, quer espontaneamente, fruto do contexto local ou nacional, quer formalmente, graças ao desenvolvimento do ensino alternado com o trabalho[68].

O papel psicossomático representa o corpo, o papel psicodramático representado pela psique e o papel social representado pela sociedade, formando o que Moreno denominou de "corpo, psique e sociedade"[69].

Na tomada do papel, a reação varia de acordo com as pessoas ou os objetos envolvidos em uma determinada situação. Utiliza-se das seguintes técnicas de tomada do papel:

Na técnica do *role taking*, a tomada do papel ou adoção de papel consiste na mimese; não permite variação, tampouco liberdade.

a. No *role playing*, o papel é jogar explorando simbolicamente suas possibilidades de representação;

b. Já no *role creating*, é permitido desempenhar o papel de forma espontânea e criativa.

---

[68] DELORS, 1996.
[69] MORENO, 2015, p. 26.

Utiliza-se, ainda, a teoria dos papéis como unidade de experiência em que "se fundem elementos privados, sociais e culturais"[70]. Papel é a forma de reação de cada indivíduo conforme determinada situação: o indivíduo atua em diferentes papéis, desde o seu nascimento, ao ingerir o leite materno ou pela mamadeira, por exemplo; ele desempenha o papel psicossomático relacionado à área "mente", até a vida adulta. A aprendizagem, quando em desacordo com o desempenho de papéis, necessita de treinamento para seu ajustamento adequado.

A teoria dos papéis é dividida nas partes a) papéis privados; e b) papéis coletivos (sociais e culturais), e utiliza-se de jogos e técnicas básicas de *role taking*, *role playing* e *role creating*.

A "matriz de identidade" pode ser considerada o lócus onde se desenvolvem os papéis das diversas etapas de forma lúdica, duplicando, invertendo ou espelhando-se em diferentes papéis. Nessa perspectiva, com essa teoria, é possível desenvolver ativamente os campos de experiências de acordo com cada grupo. Pela identificação da matriz, pode-se elaborar perguntas perceptivas para saber se realmente o gestor regional de Proteção e Defesa Civil está absorvendo conhecimento, por exemplo: *O que posso fazer para que ele realmente aprenda? Como deve ser o meu planejamento?*

Sociodrama III: temática "Amabilidade"

É definida como a "tendência a atingir de modo cooperativo e não egoísta", objetiva orientar os coordenadores regionais em Proteção e Defesa Civil a ser atenciosos, corteses, simpáticos, gentis, solidários, amorosos, educados, empáticos, ter afinidade, sintonia, compreensão e identificação[71].

O homem é um ser cósmico, espontâneo e criativo, dotado de tele, capacidade mútua, percepção entre os indivíduos, o que se correlaciona à amabilidade, à estabilidade emocional/telessensibilidade e à espontaneidade e criatividade.

"Aprender a conhecer" combina a cultura geral, suficientemente vasta, com a possibilidade de trabalhar em profundidade um pequeno número de matérias ou componentes curriculares. O que também significa: "aprender a aprender" para beneficiar-se das oportunidades oferecidas pela educação ao longo de toda a vida, conforme quadro a seguir[72]:

---

[70] MORENO, 2015, p. 238.

[71] ABED, 2014.

[72] DELORS, 1996.

Quadro 12 – Sociodrama III

SOCIO-DRAMA	CORRELA-ÇÃO	TEORIA	TÉCNICA	PILAR DA EDUCAÇÃO
Gestão de processos	Amabilidade; Estabilidade emocional; telessensibili-dade	Espontaneidade e criatividade	Ferramenta "trem": transformar; realçar; eliminar; manter	Aprender a conhecer

Fonte: Teixeira (2020)

Sociodrama IV: temática "Estabilidade emocional"

É definida como a previsibilidade e consistência de reações emocionais, sem mudanças bruscas de humor. Objetiva orientar os coordenadores a ser equilibrados emocionalmente em suas atividades e para que tenham firmeza, segurança, solidez, superação, persistência, constância e resiliência para saber lidar com situações de surpresa e situações-limite[73].

Sua correlação com o seinismo representa a origem do momento vivido pelos indivíduos no encontro do seu verdadeiro "ser", "cada momento precisa ser cuidado, intenso, único e ininterrupto". É a capacidade de cada um se reconhecer no contexto grupal e desenvolver as habilidades de construção de sua própria identidade. Compreender como o sujeito se mostra, ou seja, o reconhecimento de si no espaço e no tempo indeterminado.

Aprender a ser para melhor desenvolver a sua personalidade e estar à altura de agir com cada vez maior capacidade de autonomia, de discernimento e de responsabilidade pessoal, não negligenciar na educação nenhuma das potencialidades de cada indivíduo: memória, raciocínio, sentido estético, capacidades físicas, aptidão para comunicar-se[74].

Já a teoria do momento relaciona-se ao ato criador, a suas principais características (espontaneidade, sensação de surpresa, irrealidade, atuação sui generis e efeitos miméticos), bem como às técnicas e às táticas de surpresa, que trata da capacidade de cada um se reconhecer no contexto grupal e desenvolver as habilidades de construção de sua identidade, conforme quadro a seguir:

---

[73] ABED, 2014.
[74] DELORS, 1996.

Quadro 13 – Sociodrama IV

SOCIODRA-MA	CORRE-LAÇÃO	TEORIA	TÉCNICA	PILAR DA EDUCAÇÃO
Táticas de surpresa para emergências em eventos extremos	Equilíbrio emocional/seinismo	Teoria da espontaneidade e da criatividade; Teoria do momento	Táticas de surpresa é a capacidade de cada um se reconhecer no contexto grupal e desenvolver as habilidades de construção de sua identidade	Aprender a ser

Fonte: Teixeira (2020)

2.4 A TEORIA "U"

A teoria "U"[75], de Scharmer, consiste num arcabouço teórico de uma tecnologia social transformacional (voltada para o futuro), que propõe superar os desafios e as emergências existentes por uma nova perspectiva de aprendizagem, em que as experiências passadas e os modelos de boas práticas não mais respondem às crises e ao chamado da atualidade, para um mundo em profundas transformações[76]. Aprendizagem que leva a questionamentos tangíveis sobre a realidade social:

> **Quem somos nós?**
> **Para que estamos aqui?**
> **O que queremos criar juntos?**

Esses e outros questionamentos podem ser respondidos com base nos níveis de aprendizagem: o nível 1 e 2, de reações e soluções rápidas (materialistas); e 3 e 4, de renovação profunda e mudança (holísticas), envolvendo as forças mentais e espirituais tangíveis da realidade social de cada pessoa ou grupo social[77].

---

[75] O método advém da fenomenologia, do diálogo e da pesquisa-ação; por tratar da constituição mesclada do conhecimento e da realidade do eu, fundamenta-se em Kurt Lewin (1890-1947). Significa que, para conhecer de fato o processo social, o pesquisador, além de estudar, deve fundamentar sua pesquisa em ambientes práticos e reais.

[76] SCHARMER, Claus. **Teoria U**: como liderar pela percepção e realização do futuro emergente. Tradução de Edson Furmankiewicz. Rio de Janeiro: Alta Books, 2019.

[77] *Ibidem.*

É nessa perspectiva que Scharmer entende que uma nova forma de presença começa a brotar espontaneamente em redes de pessoas e de pequenos grupos, emergindo um novo caminho para a humanidade com base em *presencing*[78], que possibilita às pessoas e aos grupos uma mudança de *mindset*, no "campo social", para conexões profundas e criativas que os fazem operar na perspectiva do futuro, à medida que ele emerge, ao contrário das aprendizagens assentes em experiências.

Contudo, Scharmer conclui que precisamos refletir primeiramente sobre o ponto cego[79]: para ele, essa dimensão invisível pode ser comparada com a tela de um artista por meio de três perspectivas:

> Podemos nos concentrar na coisa que resulta do passado criativo; digamos uma pintura.
> Podemos nos concentrar no processo da pintura.
> Ou podemos observar o artista quando ele fica na frente de uma tela em branco.[80]

Assim, coração aberto, mente aberta e vontade aberta (ver figura a seguir) são os principais instrumentos para se trabalhar com a teoria "U", conforme segue:

> **Mente aberta**: Capacidade de suspender o julgamento e o questionamento; ver algo com novos olhos; acessar nossas fontes de inteligência intelectual.
>
> **Coração aberto**: A capacidade de redirecionar a atenção e utilizar o coração como um órgão de percepção ("ver com o coração"); deslocar o lugar do qual a sua percepção acontece para outro, para o campo/todo; acessar as fontes de inteligência emocional. Nas palavras do biólogo Humberto Maturana, "O amor é a única emoção que aumenta a nossa inteligência".
>
> **Vontade aberta**: Capacidade de deixar ir, de se desapegar das suas velhas identidades e intenções e se sintonizar com o futuro que está buscando emergir por meio de mim ou de nós; deixar ir nosso velho eu e deixar vir nosso verdadeiro eu emergente; acessar as nossas fontes de inteligência espiritual [...].[81]

---

[78] A palavra original em inglês, *presencing*, mescla as palavras "presente" (presença) e "*sensing*" (sentir perceber), e passa o sentido de "ver nossa fonte mais profunda". Ou seja, sentir, sintonizar-se e agir com base no mais alto potencial de futuro de alguém — aquele futuro que depende de nós para se concretizar.

[79] Lugar interior (fonte) de onde nossa atenção, intenção e ação se origina. Essa dimensão de nossa realidade só pode ser acessada se redirecionarmos o feixe de nossa observação para começar a ver o próprio observador, já capaz de ver o futuro, o eu.

[80] SCHARMER, 2019, p. 5.

[81] *Ibidem*, p. 31-32.

Figura 9 – Teoria "U". Três instrumentos: mente aberta, coração aberto, vontade aberta

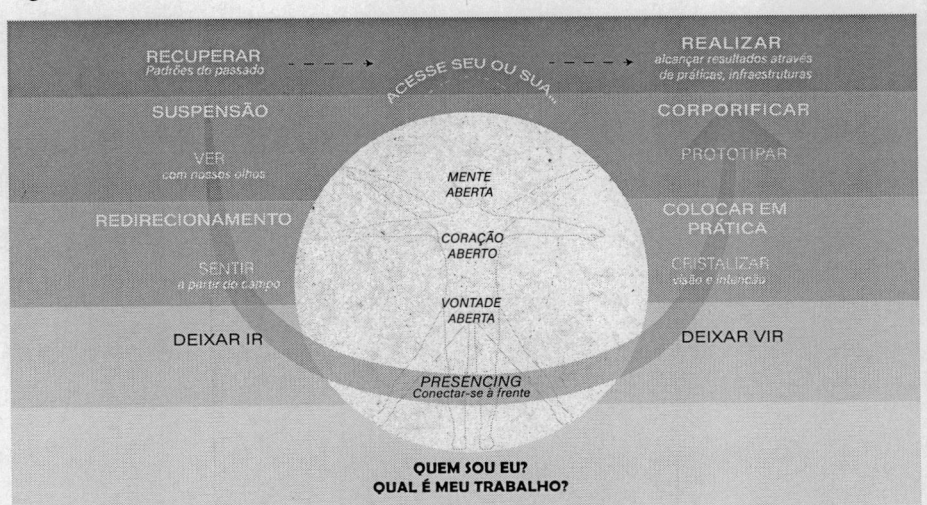

Fonte: Scharmer (2019)

Na obra *Teoria "U": como liderar pela percepção e realização do futuro emergente*, esta se caracteriza por três objetivos: a) apresenta uma gramática social que ilumina o ponto cego; b) apresenta quatro metaprocessos que fundamentam o processo coletivo da criação de realidade social (pensar, conversar, estruturar e conectar-se globalmente); c) apresenta uma tecnologia social da liberdade que coloca em prática todos os princípios do *presencing* que podem ser apresentados.

Por outro lado, pode-se inferir que essa mente aberta, coração aberto e vontade aberta, de Scharmer, acabam, num segundo momento, sendo uma versão atual do núcleo do eu, ou seja, mente (mente aberta); corpo (coração aberto); e ambiente (vontade aberta), mantendo, por outro lado, os princípios fundamentais psicossomáticos para o tratamento das mesmas dimensões humanas fundamentais já descritas por Moreno no âmbito da socionomia, na década de 1930.

A teoria "U" é composta por 24 princípios e práticas do *presencing*, e cria uma universidade de ação global que integra princípios, ciência, consciência e mudança social profunda. Os princípios funcionam como uma matriz de um todo e seguem a jornada do "U", os quais se apresentam em cinco movimentos, conforme a figura a seguir:

Figura 10 – Teoria "U": cinco movimentos

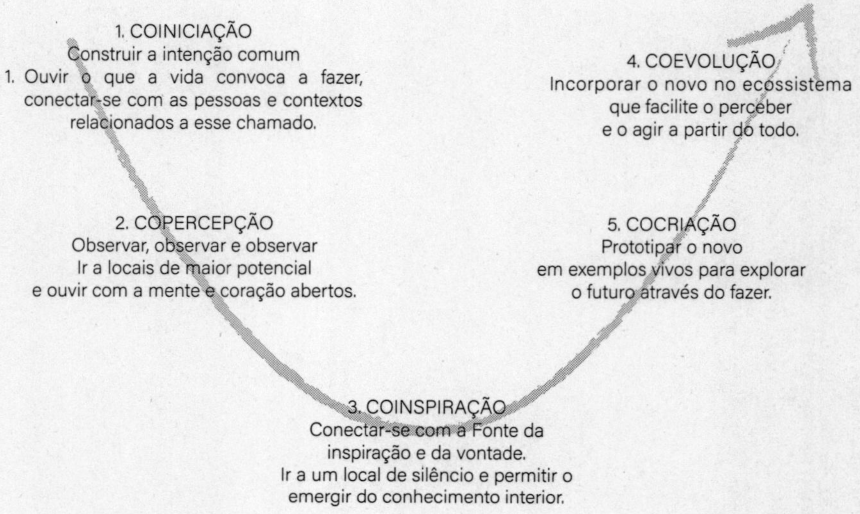

1. COINICIAÇÃO
Construir a intenção comum
1. Ouvir o que a vida convoca a fazer,
conectar-se com as pessoas e contextos
relacionados a esse chamado.

4. COEVOLUÇÃO
Incorporar o novo no ecossistema
que facilite o perceber
e o agir a partir do todo.

2. COPERCEPÇÃO
Observar, observar e observar
Ir a locais de maior potencial
e ouvir com a mente e coração abertos.

5. COCRIAÇÃO
Prototipar o novo
em exemplos vivos para explorar
o futuro através do fazer.

3. COINSPIRAÇÃO
Conectar-se com a Fonte da
inspiração e da vontade.
Ir a um local de silêncio e permitir o
emergir do conhecimento interior.

Fonte: Scharmer (2019)

Os cinco movimentos do processo "U" iniciam-se na fase denominada coiniciação até o *presencing*, que é o conectar-se com a fonte de inspiração e vontade para que se possa iluminar o ponto cego. Na coiniciação, o sujeito deve construir a intenção comum, ouvir e conectar-se com as pessoas; e o contexto. Na fase da copercepção, deve observar com atenção, ouvir e ter a mente e o coração abertos até o *presencing*, para conectar-se com o silêncio e a inspiração, fazendo emergir o conhecimento interior para a cocriação e a prototipagem para o novo, explorando o futuro por meio do fazer — é, pois, a coevolução incorporada ao ecossistema num todo.

2.5 Objetivos de desenvolvimento interno

O ponto de partida dos ODI[82] é a crença de que se possa criar uma sociedade global sustentável, valendo-se da organização das habilidades que são mais importantes para desenvolver indivíduos e grupos, a fim de resolver problemas globais ambientais, desastres naturais, mudanças climáticas, pobreza, saúde e os Objetivos do Desenvolvimento Sustentável.

---

[82] Os Objetivos do Desenvolvimento Interior, em inglês Inner Development Goals (IDG), são uma organização sem fins lucrativos para o desenvolvimento interno; e de código aberto. A estrutura foi desenvolvida por uma equipe de pesquisadores internacionais envolvendo uma equipe com mais de mil pessoas.

Trata-se de um tema relevante e que precisa ser mais explorado como estrutura pedagógica. Afinal, os ODI ainda são considerados ponto de partida para uma reflexão mais profunda, revisões e refinamentos. Por se tratar de um trabalho em fase de construção, as habilidades descritas foram criadas para indivíduos, e não para grupos, o que difere da proposta desta pesquisa, que é de natureza grupal, entretanto — o grande desafio aqui, então, será a sua implementação com controle de resultados.

A estrutura dos ODI apresenta 23 competências e qualidades, num arcabouço teórico diferenciado e reconhecido pelo Pnud, e foi desenvolvida por uma equipe de mais de mil pesquisadores internacionais, em código aberto e gratuito, numa perspectiva dos ODS, procurando integrar a dimensão socioambiental dos ODS com a dimensão interior de cada indivíduo, na mesma perspectiva, buscando os mesmos fins, utilizando meios semelhantes. Essas 23 habilidades são subdivididas em cinco categorias, quais sejam:

Habilidade 1. **Ser**. Relacionamento com o eu: bússola interna, integridade e autenticidade, abertura e mentalidade de aprendizagem, autoconfiança e presença;

Habilidade 2. **Pensamento**. Habilidades cognitivas: pensamento crítico, complexidade de conhecimento, habilidade de perspectiva, dar sentido, orientação e visão de longo prazo;

Habilidade 3. **Relacionamento**. Cuidar dos outros e do mundo: apreciação, conectividade, humanidade, empatia e compaixão;

Habilidade 4. **Colaboração**. Habilidades sociais: comunicação, habilidades de cocriação, mentalidade inclusiva e intercultural, competência, confiar, habilidade de mobilização;

Habilidade 5. **Atuação**. Impulsionando a mudança: coragem, criatividade, otimismo, perseverança.

Quadro 14 – Visão geral da estrutura dos ODI

SER Relação com o eu	PENSAMEN-TO Habilidades cognitivas	RELACIONA-MENTO Cuidar dos outros e do mundo	COLABORA-ÇÃO Habilidades sociais	ATUAÇÃO Impulsionando a mudança
Bússola interna	Pensamento crítico	Apreciação	Comunicação habilidade	Coragem

SER Relação com o eu	PENSAMEN-TO Habilidades cognitivas	RELACIONA-MENTO Cuidar dos outros e do mundo	COLABORA-ÇÃO Habilidades sociais	ATUAÇÃO Impulsionando a mudança
Integridade e autenticidade	Complexidade conhecimento	Conectividade	Habilidade de cocriação	Criatividade
Abertura e mentalidade de aprendizagem	Habilidade de perspectiva	Humildade	Mentalidade inclusiva e competência intercultural	Otimismo
Autoconsciência	Dar sentido	Empatia e compaixão	Confiar	Perseverança
Presença	Orientação e visão de longo prazo		Habilidade de mobilização	

Fonte: Inner Development Goals (2021)

Já o quadro a seguir traz as relações entre métodos, princípios, instrumentos, fundamentação, ano da teoria "U" com os objetivos de desenvolvimento interior e da socionomia:

Quadro 15 – Relações entre socionomia, teoria "U" e ODI

DESCRIÇÃO	SOCIONO-MIA	TEORIA "U"	ODI
Método	Sociodinâmica; Sociometria; Sociatria	Fenomenologia, diálogo e pesquisa-ação	Chamar atenção à necessidade de apoiar o desenvolvimento de habilidades e outras qualidades internas de pessoas e organizações envolvidas em esforços para contribuir para uma sociedade global mais sustentável. Por ter uma estrutura de fácil compreensão e que Descreva essas habilidades e qualidades, esperamos mobilizar um engajamento e um esforço mais amplos entre organizações, empresas e instituições a fim de aumentar significativamente os investimentos em esforços para desenvolver habilidades e qualidades cruciais

DESCRIÇÃO	SOCIONO-MIA	TEORIA "U"	ODI
Princípios	Criatividade e espontanei-dade	Mente aberta; Coração aberto; Vontade aberta	23 habilidades para o desenvolvi-mento interno
Instrumentos	Palco; paciente diretor; egos auxiliares; e o público	Cinco movi-mentos do processo U: coiniciação, copercepção, coinspiração, cocriação e coevolução	Habilidades agrupadas em cinco categorias: Habilidades cognitivas; Valores, atitudes e identificações; Relacionamento consigo mesmo; Habilidades sociais
Fundamentação	Jesus; Sócrates	Kurt Lewin	Base ampla e não ligada a uma estrutura teórica específica; principais contribuintes incluem Thomas Jordan, Jonathan Reams, Kristian Stålne, Stefanie Greca, Jan Artem Henriksson, Tomas Björkman e Theo Dawson
Ano	O movimento sociométrico começou em 1911 e pode ser dividido entre os períodos axio-normativo e sociométrico	2019	Início em abril de 2019, com a apresentação pública em maio de 2020 na MindShift Digital Conference, Stockholm School of Economics
Proposta	Uma nova tendência pedagógica para o além do século XXI	Uma nova tec-nologia social para o futuro	Identificar, popularizar e apoiar o desenvolvimento de habilidades e qualidades para enfrentar desa-fios globais através de organiza-ções, empresas e instituições de apoio consciente

Fonte: Moreno (1992) e Scharmer (2019)

A teoria "U" traz luz ao ponto cego por meio dos cinco movimentos do processo: a) coiniciação; b) copercepção; c) coinspiração; d) cocriação; e e) coevolução. Nesse contexto, pode-se inferir que existe uma correspondência das pesquisas de Lewin e Moreno, a teoria "U" tendo como base a teoria dos traços de personalidade, de Allport, que hoje se caracterizou nos *"big five"*: a) abrir-se para novas experiências; b) extroversão; c) amabilidade; d) conscienciosidade; e) equilíbrio emocional.

Considerando o exposto, verifica-se a complexidade teórica e metodológica das diferentes abordagens, seus objetivos e resultados iniciais, e quanto mudar o quadro de inexistência de um projeto político-pedagógico e de diretrizes para desenvolvimento de componentes curriculares para formação continuada em Proteção e Defesa Civil é de extrema relevância para uniformização e controle dos resultados dos processos de ensino-aprendizagem.

Por sua vez, as Secretarias Nacionais, Estaduais e Municipais de Proteção e Defesa Civil, por não terem uma diretriz teórica e metodológica orientada a uma formação sociátrica, desconsideram os perfis relacionados às áreas psicossomáticas dos gerentes regionais, a exemplo do conjunto da diversidade das mais de cem metodologias da Escola Nacional de Administração Pública (Enap)[83], que trazem abordagens metodológicas com diversas fundamentações e aplicações, em sua grande maioria, com metodologias racionais e objetivos voltados à gestão, e não aos processos de ensino de aprendizagem.

Nesse contexto, o sociodrama pedagógico-matricial como metodologia ativa configura-se em possibilidade para o planejamento de uma matriz didático-pedagógica para gestão de riscos e de desastres e base de sustentação para os cursos de capacitação em Proteção e Defesa Civil no Estado de Santa Catarina e no Brasil.

---

[83] Para mais informações sobre a multiplicidade de metodologias da Enap, consulte: https://repositorio.enap. gov.br/bitstream/1/7367/1/Mapa%20de%20Abordagens%20%2819%29.pdf. Acesso em: 20 mar. 2024.

PREPARAÇÃO PARA AÇÃO

Neste capítulo, você conhecerá a metodologia, a classificação, as etapas da pesquisa-ação, o local e o universo da pesquisa, o planejamento metodológico, a revisão sistemática, o plano de ação, a sistematização dos sociodramas, com estrutura, entrevistas, sociodramas pedagógico-matriciais, bem como todos os procedimentos da pesquisa.

3.1 Classificação, etapas da pesquisa-ação e procedimentos

Esta pesquisa é classificada como pesquisa-ação, que é um tipo de pesquisa social de base empírica[84], por ser uma estratégia de metodologia científica qualitativa[85]. Pelos objetivos da pesquisa teórica, é documental, bibliográfica, exploratória, descritiva, aplicada e orientada pela socionomia, fundamentando-se na epistemologia socionômica ao privilegiar a autoexpressão coletiva *in situ*.

O sociodrama pedagógico, enquanto método de intervenção, busca compreender os processos grupais intervindo nas situações-problema, por meio da ação/comunicação e do grupo na produção dos diagnósticos, na identificação e resolução de problemas, de natureza participativa, em que o pesquisador deve adotar uma abordagem colaborativa, interativa e intervencionista — no caso desta pesquisa, junto aos coordenadores regionais em Proteção e Defesa Civil do Estado de Santa Catarina, na busca da transformação pela ação.

Ao longo da pesquisa-ação, orientam-se ações e observações acerca da resiliência e da mudança grupal segundo a identificação dos pontos fortes e dos pontos fracos, ou a melhorar, uma vez que, na visão da International Strategy for Disaster Reduction (ISDR)[86], a capacidade das sociedades humanas de resistir a desastres — "resiliência" — é determinada por pontos fortes e fracos de uma determinada sociedade.

---

[84] THIOLLENT, M. **Pesquisa-Ação nas Organizações**. São Paulo: Atlas, 1997.

[85] A escolha do método de pesquisa-ação deve, inicialmente, levar em consideração sua história e sua fundamentação teórica e epistemológica. A pesquisa-ação como abordagem qualitativa de pesquisa tem sido objeto da reflexão de teóricos e epistemólogos (Melo; Maia Filho; Chaves, 2016).

[86] INTERNATIONAL STRATEGY FOR DISASTER REDUCTION (ISDR). **Framework for action**: for the implementation of the International Strategy for Disaster Reduction (ISDR). [*S. l.*], 2001.

Para melhor entender essa sociodinâmica da metodologia, optei por elaborar as ações com base no diagnóstico levantado pelos sociodramas realizados na sede da Defesa Civil do Estado de Santa Catarina em 2019.

Já a pesquisa-ação não segue um caminho rígido; sua execução pode ocorrer em conformidade com as circunstâncias e a sociodinâmica que emerge do grupo, e consiste em: a) coleta de dados; b) diagnóstico; e c) implementação e avaliação. Vincula-se a um conjunto de teorias e métodos, síntese de integração para formular novos conhecimentos fundamentais ao processo de ensino-aprendizagem.

Quantos aos procedimentos, na *primeira etapa*, foram realizadas entrevistas presenciais para as três gerências[87] da Diretoria de Educação de Defesa Civil do Estado de Santa Catarina, com o objetivo de averiguar a estrutura do projeto político-pedagógico vigente, matrizes curriculares, bem como o processo pedagógico que sustenta a referida diretoria, em consonância com a Política Nacional de Proteção e Defesa Civil, bem como sua relação com os alinhamentos internacionais do Pnud e da EIRD.

Idêntica avaliação foi realizada com a equipe técnica da Secretaria Nacional de Proteção e Defesa Civil[88], do Ministério de Desenvolvimento Regional (MDR), por meio de: a) um questionário para a coordenadoria de capacitação; e b) entrevistas on-line (*live*) com o coordenador-geral de Articulação da Secretaria Nacional de Proteção e Defesa Civil.

Numa *segunda etapa*, com base nesses dados, procurou-se identificar as lacunas existentes no status tanto das metodologias quanto do processo de capacitação dos cursos de capacitação da Defesa Civil em Santa Catarina e da Defesa Civil Nacional.

Na *terceira etapa*, realizou-se um encontro virtual com os 20 coordenadores regionais em Proteção e Defesa Civil de Santa Catarina para maiores esclarecimentos sobre a metodologia da pesquisa.

A *quarta etapa* consistiu na realização e avaliação do sociodrama pedagógico-matricial enquanto metodologia ativa com esses 20 coordenadores regionais.

Na *quinta etapa*, foi produzido um produto técnico conforme os resultados dos sociodramas e das avaliações realizadas.

---

[87] Gerência de Capacitação e Ensino (Gecae); Gerência de Pesquisa e Extensão (Gepex); Gerência de Inteligência e Produção Acadêmica (Geipa).

[88] Sendo esses os órgãos responsáveis pela coordenação do Sistema Nacional de Proteção e Defesa Civil, que desenvolvem as orientações para orientar os estados e municípios em relação à Política Nacional de Proteção e Defesa Civil.

3.2 Local e universo da pesquisa

Diferentemente das sessões de sociodrama realizadas em 2019, que foram presenciais, esta pesquisa ocorreu na modalidade remota, em decorrência da covid-19 e do consequente período de isolamento e distanciamento social. Assim, foi necessário adaptações em todos os processos de ensino-aprendizagem, importantes para a compreensão dos resultados e a possibilidade de busca de novas possibilidades de ação.

Os sociodramas foram realizados por meio da plataforma Google, sendo gravados com base na assinatura de Termo de Consentimento Livre e Esclarecido (TCLE)[89] pelo conjunto dos coordenadores regionais em Proteção e Defesa Civil.

O universo desta pesquisa de intervenção constituiu-se nos 20 coordenadores regionais em Proteção e Defesa Civil de Santa Catarina, distribuídos conforme quadro a seguir, com suas respectivas patentes militares/Coredec:

Quadro 16 – Universo da pesquisa

N.º	PATENTE MILITAR	COREDEC
1	Por questões de confidencialidade, não divulgaremos a patente dos participantes.	Araranguá
2		Blumenau
3		Caçador
4		Canoinhas
5		Chapecó
6		Concórdia
7		Criciúma

[89] Outros procedimentos éticos da pesquisa: após avaliação e aprovação do projeto de pesquisa pelo Comitê de Ética em Pesquisa com Seres Humanos da Ufsc, foi emitido o Parecer Consubstanciado 5.941.942, aprovado em 14/03/2023, para realização dos sociodramas na modalidade remota, cujos procedimentos seguem a ética exigida para toda pesquisa com seres humanos. Ao fim, foram realizados cinco encontros, com duração de duas horas. No primeiro, houve autoapresentação e demais explicações acerca da realização das seguintes sessões sociodramáticas: a) integração e clima organizacional, b) gestão de processos, c) desenvolvimento de papéis e d) táticas de surpresa para emergências em eventos extremos. Foram também dirimidas dúvidas, houve assinatura do TCLE e o estabelecimento das regras e do contrato de sigilo, o que ocorreu de forma verbal entre todos.

N.º	PATENTE MILITAR	COREDEC
8		Curitibanos
9		Florianópolis
10		Itajaí
11		Jaraguá do Sul
12		Joaçaba
13		Joinville
14		Lages
15		Maravilha
16		Rio do Sul
17		São Miguel do Oeste
18		Taió
19		Tubarão
20		Xanxerê

Fonte: a autora (2024), adaptada de Santa Catarina (2023)

3.3 Planejamento, plano de ação e sistematização

O planejamento metodológico consistiu no processo de revisão sistemática de bibliografia e do plano de ação para desenvolvimentos dos sociodramas pedagógico-matriciais.

Para a revisão sistemática da bibliografia, foram realizadas duas estratégias de busca: a) recuperar publicações nacionais e internacionais com os descritores "capacitação + psicodrama"; e b) encontrar publicações com descritores "Defesa Civil + capacitações". As buscas foram realizadas em espanhol, inglês e português, pela base de dados Scientific Electronic Library Online (SciELO), sendo as demais bases somente em língua inglesa, com exceção do Google Acadêmico[90]. As bases de dados para revisão sistemática selecionadas foram: a) BVS; b) Eric; c) Google Acadêmico; d) Proquest Dissertation & Theses Global; e) Psyinfo; f) SciELO; g) Scopus; e h) Web of Science.

---

[90] Que, por não ser uma base de dados, foi utilizado para pesquisa em português e restringir a coleta dos registros até a quinta página dos resultados.

Como critério de inclusão, foi adotada a seleção de documentos que estivessem ligados somente aos objetivos da pesquisa, ou seja, capacitação, treinamento ou formação profissional, em duas modalidades, ou seja, com ou sem a indexação do sociodrama para coordenadores regionais em Proteção e Defesa Civil. Por sua vez, os documentos identificados que abordavam a temática para outros públicos-alvo, como alunos, professores, saúde, comunidade e foco não profissional, foram excluídos.

Já o plano de ação para realização dos sociodramas desta pesquisa partiu dos insights dos sociodramas realizados em 2019 (Quadro 1), acerca de sua flexibilidade ou rigidez quando se deparam com contextos de eventos extremos, impedindo-os de mobilização para ação, que acabou por nortear uma trilha do planejamento, permitindo trabalhar em profundidade com as habilidades socioemocionais ancoradas nas teorias e técnicas da socionomia, em que a dramatização é capaz de produzir relatos tangíveis e cenas com conteúdos emocionais.

Os coordenadores regionais puderam vivenciar seus próprios episódios, envolvendo-se na criação de um mundo ficcional no "aqui e agora" (momento), em que os participantes assumem um determinado papel (soldado, bombeiro, mãe, pai, patrão, empregado, prefeito ou outro qualquer), no campo da ficção. Tais procedimentos sociodramáticos são capazes de fazer emergir as dores mais profundas de cada coordenador.

Assim, o sociodrama pedagógico-matricial é um método de ação e aprendizagem profunda, fundamentado na socionomia e na teoria do núcleo do eu[91], para o desenvolvimento de habilidades socioemocionais. É o lugar primário, o *status nascendi* do "momento" da criação, algo que brota de uma matriz num canteiro fértil.

---

[91] Criada por Jaime Guillermo Rojas-Bermúdez, e algumas menções sobre a teoria da programação cenestésica, de Dias (1987).

Figura 11 – Elementos didáticos para sociodrama pedagógico-matricial

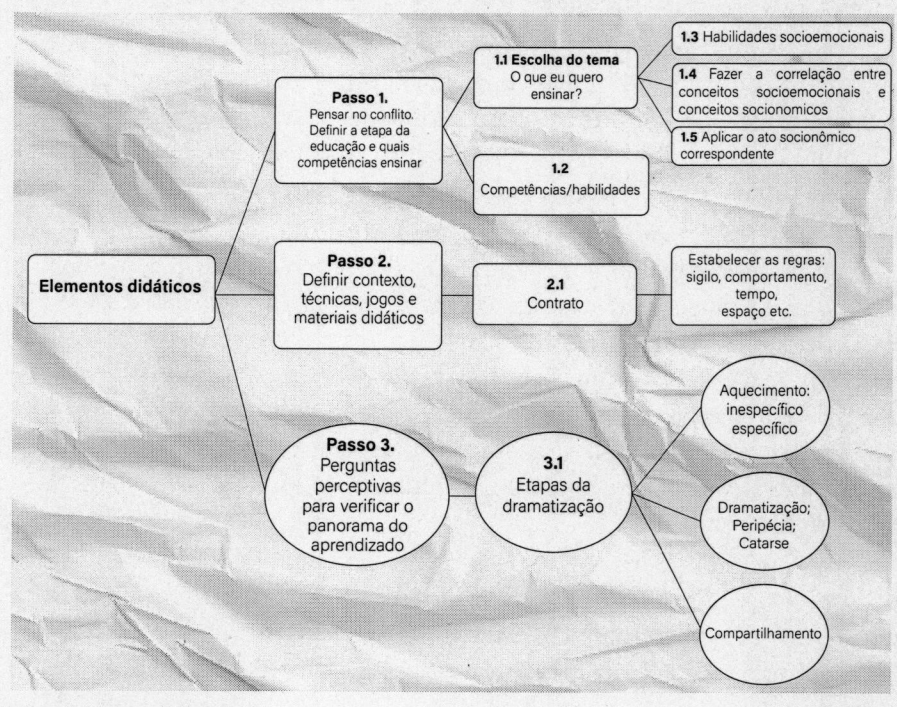

Fonte: a autora (2024)

Para o alcance dos pilares da educação, sua sistematização foi orientada por meio da correlação entre os conceitos socionômicos e socioemocionais (etapas, teorias e técnicas), levando ainda em consideração os elementos didáticos, que consistem nos Passos 1, 2 e 3, conforme figura anterior.

Já o quadro a seguir traz os elementos didático-pedagógicos que poderão ser utilizados na elaboração de cada sociodrama pedagógico-matricial.

Quadro 17 – Conceitos dos elementos didáticos para o desenvolvimento de sociodrama pedagógico-matricial

1	Zona, foco, aquecimento	É preciso identificar esses elementos[92] das áreas focais para que professor e aluno atuem concomitantemente em torno de uma única função, a aprendizagem

---

[92] A zona é o conjunto das ocorrências que definem o fenômeno de investigação, intervenção e avaliação. O aquecimento é a preparação para o ato socionômico propriamente dito. O foco é a demarcação do objeto de investigação entre as variáveis constitutivas do fenômeno (Silva, 2018).

2	Conflito	Pode ser considerado um tempero a mais na cena, a exemplo de Hamlet em seu solilóquio *"To be or not to be"*, "Ser ou não ser". Os conflitos podem ser internos, verbais ou psicológicos; também podem ser sentimentos antagônicos de hostilidade, amabilidade, atração, rejeição ou indiferença
3	Função	Oferecer novas perspectivas conectadas ao currículo. Interatuar em função
4	Regras	Contrato, sigilo, comportamento, tempo, espaço etc
5	Contexto	Deve ser idealizado em conjunto com os alunos. O objetivo é despertar a fome de atos, ou seja, vontade de criar e produzir, tornando a aprendizagem dinâmica, interativa e atrativa. Sua principal função é mobilizar e expandir o currículo, proporcionar altos graus de autonomia e formar coesão nos diferentes contextos educativos
6	Narrativa	Também deve ser idealizada com os alunos. Sua função é pensar no contexto imaginário e apontar a trilha para as novas experiências curriculares, criando situações inesperadas, incidentes e episódios de surpresa
7	Aquecimento Inespecífico	O aquecimento é uma atividade de arranque, pode ser físico ou verbal. Exemplo: caminhar, alongar-se, falar
8	Aquecimento específico	O grupo é o protagonista, o diretor pode escolher a melhor forma de mobilizá-lo à ação, que pode ser via jogo dramático ou por simples brincadeira, mas que seja capaz de levar à ação dramática, de forma lenta e contínua, como quem galga ao topo de uma colina. O aquecimento específico já é a preparação para adentrar o conflito da dramatização
9	Compartilhamento	Relato da experiência. Após a finalização, os alunos devem compartilhar suas aprendizagens, dificuldades e perspectivas
10	Catarse	Somática, mental, individual e grupal (integração). A somática limpa e purifica o corpo; a mental corresponde ao processo de aprendizagem; a pessoal lida com problemas individuais; e a catarse de integração são a interação e a cooperação do grupo, que unificam todos os tipos de aprendizagem pelo princípio da espontaneidade
11	Peripécia	Mudança de status, transformação inesperada de uma circunstância, de um contexto ou a maneira de agir dos personagens; incidente, episódio, aventura, perigo, imprevisto. No sociodrama pedagógico primário, é lócus da mudança no processo

12	Dramatização	No teatro da espontaneidade, é o desencadeamento da ilusão, passada ao ato pela realidade, é o desencadeamento da própria vida: é o desenrolar do teatro espontâneo, da peripécia e da catarse
13	Recursos didáticos	Técnicas; jogos; dinâmicas; objetos intermediários
14	Processamento	É a avaliação por meio do processamento
15	Passagem ao ato	Colocar para fora aquilo que está dentro

Fonte: a autora (2024)

3.4 Entrevistas

Foram realizadas seis entrevistas:

a. Três entrevistas semiestruturadas com as gerências da Diretoria de Gestão da Educação: Gerência de Inteligência e Produção Acadêmica; Gerência de Capacitação e Ensino; Gerência de Projetos de Pesquisa e Extensão;

b. Dois questionários para os gerentes regionais da Defesa Civil do Estado de Santa Catarina;

c. Um questionário para a Coordenadoria de Capacitação da Sedec; uma entrevista on-line (*live*) com o coordenador-geral de Articulação da Sedec.

3.5 Sociodramas pedagógico-matriciais

No decorrer das sessões de sociodrama, a pesquisadora atuou na condição de diretora psicodramatista socioeducacional, em suas três funções: "produtora", "terapeuta" e "analista social".

Como *produtora*, mantém-se atenta aos sinais apresentados pelos coordenadores no decorrer da dramatização, no alinhamento da produção e às suas linhas de vida, sem negligenciar o contato com os demais coordenadores (egos auxiliares).

Na função de terapeuta, dispõe de recursos e técnicas que permitidos ao profissional com formação em psicodrama socioeducacional numa sessão sociodramática, podendo acometer o grupo ou mesmo chocar, rir, fazer brincadeiras; e, em determinadas situações, poderá se tornar passiva, inativa ou indireta, dando a impressão de que quem conduz a sessão é o paciente, ou seja, os próprios coordenadores regionais em Proteção e Defesa Civil.

Como analista social, conta com a ajuda dos egos auxiliares internos (os próprios coordenadores) para uma melhor interpretação do que ocorre na cena.

A fim de que se criasse um clima de relaxamento e de que todos se sentissem estimulados a participar do início ao fim de todas as atividades, adotou-se a seguinte metodologia:

No dia 4 de maio de 2023, foi criado um grupo de WhatsApp com os coordenadores regionais em Proteção e Defesa Civil, com a finalidade de encaminhar o TCLE, já aprovado pelo Comitê de Ética em Pesquisa com Seres Humanos da Universidade Federal de Santa Catarina.

No período de 8 a 12 de maio 2023, das 10 h às 12 h, por meio de videoconferência, foram realizados quatro encontros para a realização das sessões, de que participaram a diretora e um mediador[93], responsável pela organização das salas virtuais. É importante ressaltar que, na condução dos sociodramas via modalidade remota, não houve a participação de uma unidade funcional com egos auxiliares externos[94], entretanto, para um controle maior do espaço/tempo, houve a necessidade de gravar todos os encontros (devidamente autorizados), para posterior avaliação, o que foi mais um desafio na condução das sessões de sociodrama, considerando que em contextos normais é imprescindível a presença de um ego auxiliar.

No primeiro encontro, foi realizada uma contextualização acerca da metodologia de intervenção e da necessidade da permanência durante todas as atividades, de que todos mantivessem as suas respectivas câmeras abertas em seus computadores pessoais. Posteriormente, estabeleceu-se o contrato verbal, em que se definiram as seguintes regras: a) começar no horário; b) falar um por vez; e c) deixar as câmeras ligadas.

A seguir, houve a apresentação de todos, os quais foram convidados a ser eles mesmos em sua autoapresentação, retratando, assim, o seu mundo privado em ação, em um pequeno relato sobre o seu cotidiano, incluindo as seguintes consignas: a) nome; b) coordenadoria regional responsável; c) o que fizeram durante o período de 2019 a 2023 em suas regionais; d)

---

[93] O mediador é a pessoa responsável pela condução e organização das salas temáticas e que também concordou com o contrato de sigilo.

[94] Esses egos auxiliares ou atores terapêuticos atuam como se fossem extensões do diretor, e ao mesmo tempo do paciente, quando retrata os papéis. Atuam em três funções: ator, agente terapêutico e investigador.

revelar algo que fazia, mas que ninguém imaginava; e) a comida de que mais gostava; f) com quem queria compartilhar, e assim sucessivamente, até que todos se apresentassem com o grau máximo de interação — assim, o grupo estava habilitado a encontrar com partes do seu eu e com outros.

Num segundo momento, a diretora explicou como se dava o desenvolvimento dos demais encontros de sociodrama e a relação dos materiais didáticos. Já a fundamentação, a estrutura da socionomia, os instrumentos, contextos, etapas, técnicas, métodos, elementos e contrato foram apresentados por meio de dez slides, utilizando como recurso tecnológico o programa PowerPoint.

Ao fim, houve detalhamentos sobre o real significado do TCLE, a forma correta de responder e enviar os questionários e os documentos já assinados via WhatsApp no modo privado. Por fim, a diretora abriu para eventuais dúvidas, o que não ocorreu. A seguir, apresentou a metodologia de cada sociodrama.

Em observação ao contrato de sigilo, e para que não houvesse identificação por ordem numérica, os coordenadores foram nomeados nos sociodramas apenas por números aleatórios ou nomes fictícios.

3.5.1 Integração e clima organizacional

Esse sociodrama tem como objetivo fazer com que os coordenadores regionais em Proteção e Defesa Civil se abram para novas experiências no contexto da conserva cultural dos procedimentos relacionados à Proteção e Defesa Civil e do pilar da educação "aprender a conviver".

A diretora cumprimentou a todos, começou o aquecimento inespecífico do grupo enviando uma ficha de atividades via WhatsApp e dois questionários: a) Questionário de modelo psicossomático (metáfora do arco-íris); e b) Questionário de familiaridade.

Para a modalidade de realização do sociodrama em 2023, diferentemente de 2019, a pesquisadora criou uma ficha de atividades como objeto intermediário (qualquer objeto que possa ser utilizado como recurso didático-pedagógico).

A técnica utilizada, as metáforas do corpo humano no papel[95], consiste em desenhar um corpo humano, colar figuras ou desenhar órgãos relacionando as suas funções cotidianas com os objetivos de aprendizagem.

---

[95] A técnica de metáforas do corpo humano no papel foi adaptada por mim no ano 2019, com base em Drummond e Souza (2008).

As etapas do sociodrama pedagógico-matricial "Abrir-se a novas experiências no contexto da conserva cultural" estão expostas a seguir:

Quadro 18 – Etapas do sociodrama I

AQUECIMENTO INESPECÍFICO	AQUECIMENTO ESPECÍFICO	DRAMATIZAÇÃO
A diretora cumprimentou a todos, aqueceu o grupo e enviou uma ficha de atividades via WhatsApp com dois questionários: a) Questionário de modelo psicossomático (metáfora do arco-íris); e b) Questionário de familiaridade para fins de avaliação sociométrica e psicossomática. A sessão inicia-se com a retomada verbal do encontro anterior e exercícios leves com breves alongamentos	Leitura: Pensar nas possibilidades de relacionar cada órgão do corpo com as metáforas do cotidiano, incluir fatos, subjetividade, ressonância, atitudes, motivações, segredos, sonhos, conflitos; e em que, por trás de cada sonho ou conflito, há uma solução, uma história a ser contada de sobrevivência, de fragilidade de recuperação ou resiliência	Assim como os seres humanos, as instituições buscam a vida e a longevidade, a melhoria contínua e a sobrevivência. Imaginar a Defesa Civil como um organismo vivo, com órgãos e funções, pensar no DNA e relacionar cada órgão com as metáforas do cotidiano de um gerente regional de Defesa Civil, bem como no complexo de necessidades de uma instituição humanizada da mesma forma que os seres humanos: se não nos mantivermos saudáveis e equilibrados emocionalmente, logo teremos algum problema de saúde, podendo se refletir no corpo, na mente e no meio ambiente

Fonte: a autora (2024)

Após o encaminhamento da ficha de atividades, foi solicitado ao mediador a organização de três salas temáticas de acordo com as seguintes áreas em ambiente virtual na plataforma da Rede Nacional de Pesquisas (RNP), ou seja, a) Sala Mente, b) Sala Corpo, e c) Sala Ambiente, para discussão e elaboração da dramatização de acordo com a área escolhida pelos coordenadores. A seguir, ocorreu a dramatização, sendo as atividades encaminhadas via aplicativo PowerPoint, e em seguida a etapa de compartilhamento e a saída do papel psicodramático para o papel social.

3.5.2 Gestão de processos

Nesse sociodrama, estabeleceu-se a correlação entre a) amabilidade; b) estabilidade emocional; c) telessensibilidade, e o pilar da educação "aprender a conhecer".

A diretora cumprimentou a todos e iniciou o aquecimento inespecífico do grupo, enviando a ficha de atividades via WhatsApp com as instruções para dramatização, conforme o quadro a seguir.

A atividade deu-se em três salas temáticas virtuais, para os três grupos. A seguir, houve a apresentação em PowerPoint, compartilhamento e saída do papel psicodramático.

Quadro 19 – Etapas do sociodrama II

AQUECIMENTO INESPECÍFICO	AQUECIMENTO ESPECÍFICO	DRAMATIZAÇÃO
Retomada do encontro anterior e exercícios leves com breves alongamentos	Alongamentos	Identificar pontos fortes, pontos fracos ou a melhorar de cada setor de acordo com o ciclo de gestão e proteção da Defesa Civil; Com base em uma "chuva de ideias", elaborar uma tabela com esses pontos. Responder às seguintes questões: *Como querem resolver as questões apontadas? O que poderia ser feito para solucionar tais aspectos e dar abertura para o novo?*

Fonte: a autora (2024)

Após o encaminhamento da ficha de atividades, foi solicitado ao mediador a organização de três salas temáticas virtuais para discussão e elaboração da dramatização com base em uma "chuva de ideias" voltada ao levantamento dos pontos fortes, fracos ou a melhorar. A seguir, apresentaram-se as atividades em PowerPoint, houve compartilhamento e saída do papel psicodramático.

3.5.3 Desenvolvimento de papéis

Esse sociodrama foi realizado em dois atos.

Primeiro ato

Refere-se à correlação entre conscienciosidade na tomada do papel; aprender a fazer; realização do teste de papéis. Conforme o quadro a seguir, na etapa da dramatização, a diretora cumprimentou a todos, aqueceu o grupo e enviou a ficha de atividades via WhatsApp. A atividade deu-se por meio de três salas temáticas virtuais, em que os participantes foram incluídos aleatoriamente para discutir a atividade em grupo, encenar e sair do papel psicodramático.

Quadro 20 – Etapas do sociodrama III

AQUECIMENTO INESPECÍFICO	AQUECIMENTO ESPECÍFICO	DRAMATIZAÇÃO
Retomada do encontro anterior	Exercícios leves com breves alongamentos	Num grupo de especialistas, cada um tem o seu papel, todos são dotados de competências, habilidades e atitudes para a tomada de decisões diante dos problemas. Pela identificação dos pontos fortes e fracos, pensar em novas possibilidades, estabelecendo: *Onde, quem, o quê?, conflito e solução.* Após a discussão do tema, o grupo deverá encenar a dramatização, sair do papel e compartilhar

Fonte: a autora (2024)

Segundo ato

Dramatização: leitura e improvisação de cenas baseadas no texto "A ferramenta do trem na gestão de processos", de Drummond e Souza[96]. Após iniciar a leitura, foi permitida a retomada do texto de qualquer ponto, podendo ser contada de diversas formas. Na mesma medida dos acontecimentos, a diretora incluía táticas de surpresa no contexto da dramatização para explorar diversas técnicas: solilóquio, rastreamento do pensamento, inversão de papéis, táticas de surpresa e duplo[97]. A seguir, houve a dramatização, o compartilhamento e a saída do papel psicodramático.

---

[96] DRUMMOND, Joceli; SOUZA, Andréa Claudia de. **Sociodrama nas organizações**. São Paulo: Ágora, 2008.

[97] É importante frisar que nesse sociodrama podem ser utilizadas outras técnicas.

3.5.4 Táticas de surpresa para emergências em eventos extremos

Primeiro ato

Esse sociodrama refere-se à correlação entre: amabilidade/telessensibilidade; e estabilidade emocional/neuroticismo e seinismo (aprender a ser), pelos traços de espontaneidade.

A diretora cumprimentou a todos e aqueceu o grupo, promoveu a dramatização e enviou a ficha de atividades, conforme o quadro a seguir.

> **"Em processos de mudanças, antes de buscar novas coisas,**
> **há que se organizar o que já se tem".**
> **(Drummond, 2008, p. 172)**

Foi elaborada uma linha do tempo com um plano de ação de acordo com a ferramenta "trem", considerando o período de análise de 2023 a 2025 na Defesa Civil do Estado de Santa Catarina.

Quadro 21 – Ferramenta "trem", de 2023 a 2025

	2023	2024	2025
TRANSFORMAR			
REALÇAR			
ELIMINAR			
MANTER			

Fonte: a autora, adaptada de Drummond (2008, p. 172)

Após o encaminhamento da ficha de atividades, foi solicitada ao mediador a organização de três salas temáticas virtuais para discussão e elaboração da dramatização valendo-se da ferramenta "trem", que foi apresentada em PowerPoint.

Quadro 22 – Etapas do sociodrama IV

AQUECIMENTO INESPECÍFICO	AQUECIMENTO ESPECÍFICO	DRAMATIZAÇÃO
Retomada do encontro anterior	Pensar: *Que momento vocês estão vivendo em seus projetos pessoais e profissionais?*; *A partir de 2019, o que vocês construíram de inovador em suas regionais?*; *O que querem construir até 2025 em suas regionais?*	Dramatização Primeiro ato: imaginar uma mudança na regional de cada um. O primeiro passo é avaliar o que tem e fazê-lo como se fosse a sua casa: Objetos de que gosta ou que têm valor, mas precisam ser **transformados**; Objetos de que gosta, mas estavam escondidos ou sujos e precisam ser **realçados**; Objetos de que não gostamos ou que não valem à pena ser reformados, valendo mais à pena serem jogados fora ou **eliminados**; Objetos dos quais gostamos e que se encontram em bom estado, devendo-se **mantê-los**

Fonte: a autora (2024), adaptada de Drummond (2008, p. 172)

Segundo ato

Os coordenadores regionais em Proteção e Defesa Civil já estavam aquecidos. Na dramatização, a diretora solicitou a criação de presentes elaborados de pequenas sucatas, escolha de objetos próximos ou desenhos em papéis coloridos para a escolha sociométrica. Essa atividade foi realizada com base em improvisações, sem necessidade de salas temáticas individualizadas. Todos ficaram num mesmo ambiente virtual. Após a conclusão, cada coordenador pôde fazer a escolha sociométrica e a troca de presentes.

Em seguida, foi solicitado que todos saíssem de seus papéis psicodramáticos e retornassem a seus papéis sociais. Por fim, foi realizada a etapa de compartilhamento dos sentimentos e as implicações pessoais em relação às atividades realizadas, e a saída do papel psicodramático.

4

DEFESA CIVIL

Este capítulo se divide em duas partes. Na primeira, você encontrará o tratamento que a Sedec/MDR, como órgão responsável pela coordenação do Sistema Nacional de Proteção e Defesa Civil, adota em relação às metodologias de ensino-aprendizagem para orientar os estados e municípios em relação à Política Nacional de Proteção e Defesa Civil (PNPDEC). Na segunda, que tratamento é dado em relação às metodologias de ensino--aprendizagem voltadas para capacitação dos coordenadores regionais em Proteção e Defesa Civil, por meio de três gerências[98], Gecae, Geipa e Gepex, da Defesa Civil do Estado de Santa Catarina.

4.1 Defesa Civil Nacional

A Secretaria Nacional de Proteção e Defesa Civil, do Ministério de Desenvolvimento Regional, é o órgão responsável: a) pela coordenação do Sistema Nacional de Proteção e Defesa Civil; b) pelas metodologias de ensino-aprendizagem adotadas pela Defesa Civil Nacional; e c) pelo Plano de Capacitação Continuada, que orientará as capacitações presenciais/EaD voltadas a agentes de Proteção e Defesa Civil de todo o país.

Os processos vêm sendo realizados em parceria entre a Sedec e a Escola Nacional de Administração Pública, por intermédio da Escola Virtual de Governo (EVG).

A partir de 2019, em resposta às necessidades identificadas de capacitação específica, foi instituído o Plano Nacional de Capacitação Continuada para o período de 2019 a 2023.

A instituição envolvida tem desenvolvido, em suas respectivas atualizações, técnicas de animação, videoaulas e materiais de apoio pedagógico. Mas somam-se a tudo isso as dificuldades de avançar em ações nacionais, considerando que existem somente quatro profissionais na Secretaria Nacional de Articulação da Defesa Civil Nacional para efetivação da PNP-

---

[98] Todas as gerências fazem parte da Diretoria de Educação da Defesa Civil de Santa Catarina.

DEC em todo Brasil. Esse contexto reforça a necessidade da multiplicidade de parcerias com institutos de pesquisa e universidades que desenvolvem pesquisas que poderiam orientar planos nacionais de capacitação continuada com controle de resultados[99].

Mesmo com todos os esforços e parcerias, o Plano Nacional de Capacitação Continuada 2019-2023 revelou que as capacitações estavam fora do contexto do SINPEDC, surgindo, assim, a necessidade: de harmonizar as terminologias e as metodologias; de maior eficiência na coordenação de capacitação com os estados; e de melhor controle dos cursos, valendo-se de medidas de sensibilização[100].

Apesar de todos os esforços, ficou claro que é preciso: a) atualizar as necessidades municipais de capacitação em Proteção e Defesa Civil; b) revisar e complementar os cursos propostos; c) identificar indicadores; e d) alterar a forma de apresentação, retirando o que era preliminar, os conteúdos programáticos e passíveis de alteração; dessa forma, o plano segue no cumprimento de suas diretrizes até 2023.

Em relação à capacitação em alguns estados brasileiros, as demandas foram levantadas por projetos realizados pelo Pnud em 2016 (ver Figura 12), e conforme as condicionantes atuais levantadas pelo Projeto Elos, realizado pelo Cemaden (ver Figura 13), para promoção de cursos de Proteção e Defesa Civil. Estes caracterizam a necessidade, entre outras variáveis pesquisadas, de formação continuada tanto das Defesas Civis estaduais quanto da Defesa Civil Nacional, em termos de infraestrutura, nível de instrução dos profissionais, tempo de atividade, e acessibilidade aos meios de formação continuada.

---

[99] Com relação à frequência dos cursos de capacitação, também existe evasão, o que exige projetos de inovação em ensino-aprendizagem (não foram verificados, entretanto, os índices de evasão).

[100] BRASIL. Ministério do Desenvolvimento Regional. Secretaria Nacional de Proteção e Defesa Civil. **Plano de capacitação continuada em Proteção e Defesa Civil 2019-2023**. Brasília: MDR/Sedec, set. 2022.

Figura 12 – Desafios relacionados à capacitação em Proteção e Defesa Civil

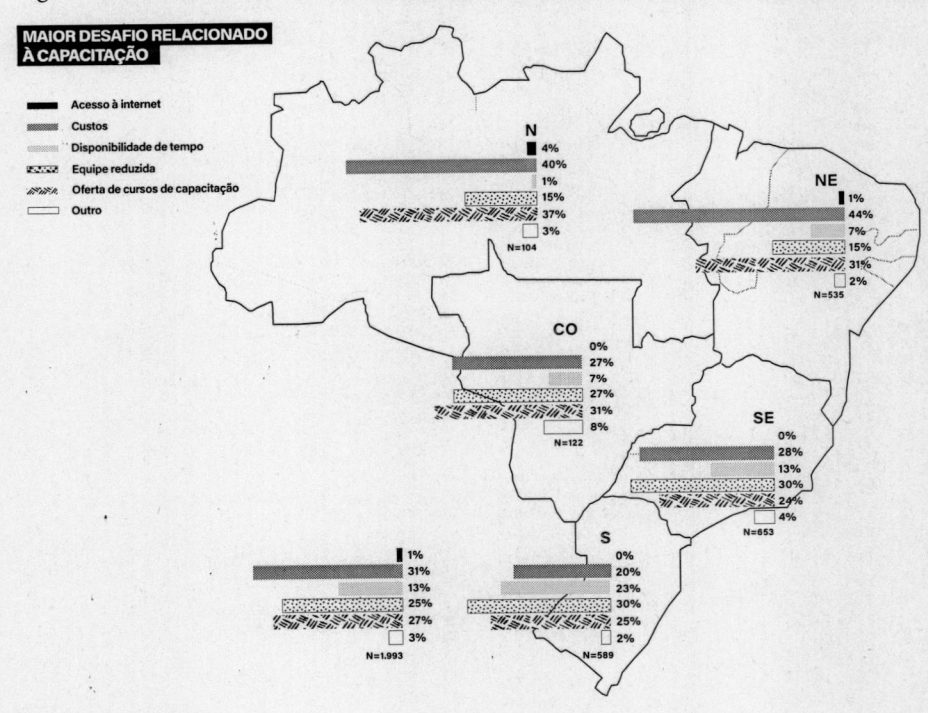

Fonte: Brasil (2021)

Conforme a figura *supra*, os cursos com maior demanda são de: capacitação básica em Proteção e Defesa Civil; b) monitoramento, mapeamento e alertas; c) plano de ação de emergência; e d) plano de contingência.

Figura 13 – Necessidades de cursos apontadas pelas Defesas Civis municipais

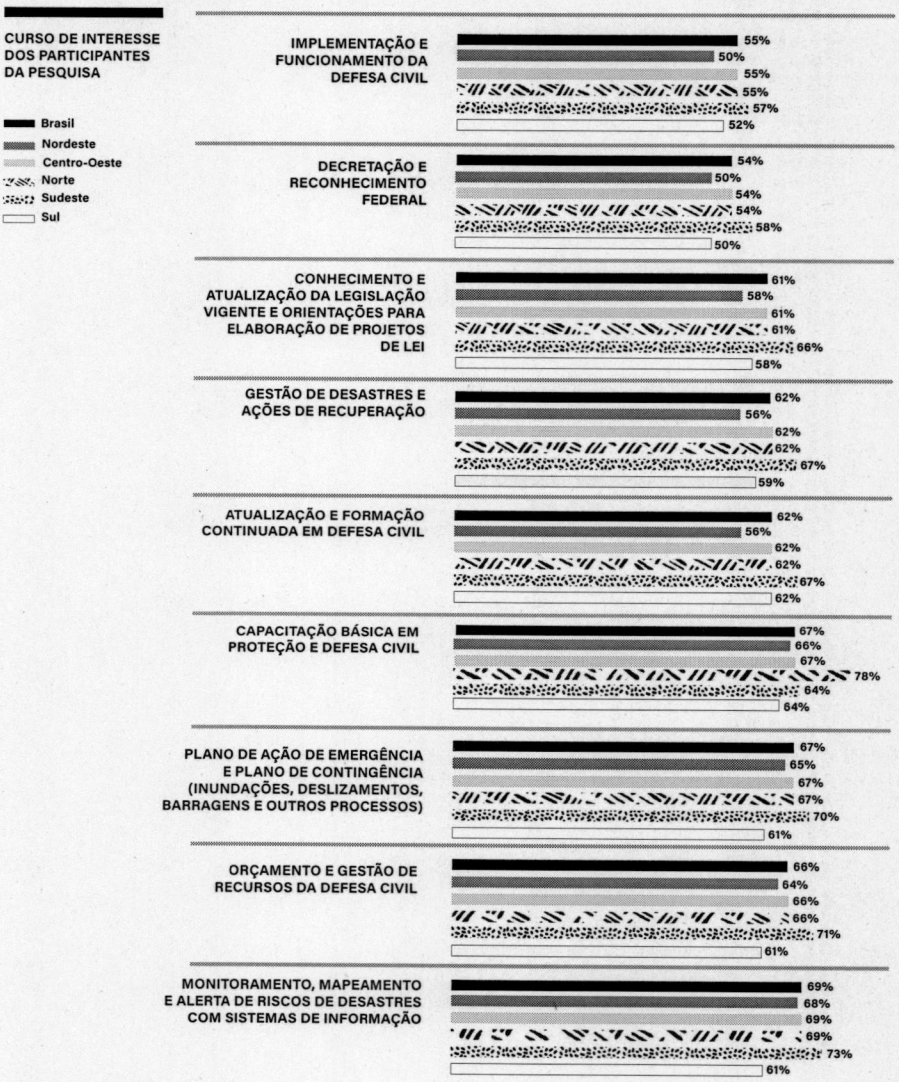

CURSO DE INTERESSE DOS PARTICIPANTES DA PESQUISA

- Brasil
- Nordeste
- Centro-Oeste
- Norte
- Sudeste
- Sul

IMPLEMENTAÇÃO E FUNCIONAMENTO DA DEFESA CIVIL — 55%, 50%, 55%, 55%, 57%, 52%

DECRETAÇÃO E RECONHECIMENTO FEDERAL — 54%, 50%, 54%, 54%, 58%, 50%

CONHECIMENTO E ATUALIZAÇÃO DA LEGISLAÇÃO VIGENTE E ORIENTAÇÕES PARA ELABORAÇÃO DE PROJETOS DE LEI — 61%, 58%, 61%, 61%, 66%, 58%

GESTÃO DE DESASTRES E AÇÕES DE RECUPERAÇÃO — 62%, 56%, 62%, 62%, 67%, 59%

ATUALIZAÇÃO E FORMAÇÃO CONTINUADA EM DEFESA CIVIL — 62%, 56%, 62%, 62%, 67%, 62%

CAPACITAÇÃO BÁSICA EM PROTEÇÃO E DEFESA CIVIL — 67%, 66%, 67%, 78%, 64%, 64%

PLANO DE AÇÃO DE EMERGÊNCIA E PLANO DE CONTINGÊNCIA (INUNDAÇÕES, DESLIZAMENTOS, BARRAGENS E OUTROS PROCESSOS) — 67%, 65%, 67%, 67%, 70%, 61%

ORÇAMENTO E GESTÃO DE RECURSOS DA DEFESA CIVIL — 66%, 64%, 66%, 66%, 71%, 61%

MONITORAMENTO, MAPEAMENTO E ALERTA DE RISCOS DE DESASTRES COM SISTEMAS DE INFORMAÇÃO — 69%, 68%, 69%, 69%, 73%, 61%

Fonte: Brasil (2021)

Conforme a última figura, e segundo as entrevistas realizadas, constatou-se que desde 2020 a Secretaria Nacional de Proteção e Defesa Civil se organizou em certificações avançadas em cinco tipos de estrutura (curso, evento, oficina, mentoria e coaching), com trilhas de aprendizagem, e espera despertar os interessados. Entretanto, pelo tipo de certificação da estrutura do processo de ensino-aprendizagem, não se teve como verificar o que, via de regra, fundamenta cada programação de formação continuada realizada, mas somente o processo operacional envolvido para um determinado processo de formação mais específica.

Seria necessário avançar, então, em pesquisas futuras acerca dos fundamentos das metodologias utilizadas, uma vez que inexiste uma unificação que torne possível um resultado único de aprendizagem, considerando que cada instituição parceira na produção dos conteúdos é quem determina a metodologia utilizada. Nessa perspectiva, não houve possibilidade de identificar se as metodologias adotadas estão proporcionando os resultados esperados.

O repositório de metodologias da Enap representa uma base de conhecimento ampla e genérica para fins educacionais, aplicável a diversas áreas da administração pública. Portanto, qualquer metodologia existente nesse repositório pode ser utilizada para promover cursos de capacitação em áreas específicas, como a Proteção e Defesa Civil.

Observa-se uma ampliação na variedade de metodologias de ensino, embora o processo de aprendizagem ainda seja predominantemente racional.

No entanto, a ausência de uma metodologia socioemocional específica para mobilização à ação pode dificultar a avaliação clara dos resultados alcançados. A existência de múltiplas abordagens metodológicas no repertório da Enap também pode dificultar a identificação das utilizadas para fins específicos, bem como a medição dos impactos alcançados.

Além disso, devido ao corpo técnico reduzido, a Secretaria Nacional de Proteção e Defesa Civil frequentemente se envolve na coprodução e oferta de cursos de formação como uma tentativa de aprimorar os conteúdos. Isso sugere a necessidade de pesquisas contínuas sobre as formações realizadas, visando a melhoria contínua dos processos de ensino-aprendizagem.

Figura 14 – Trilha de aprendizagem

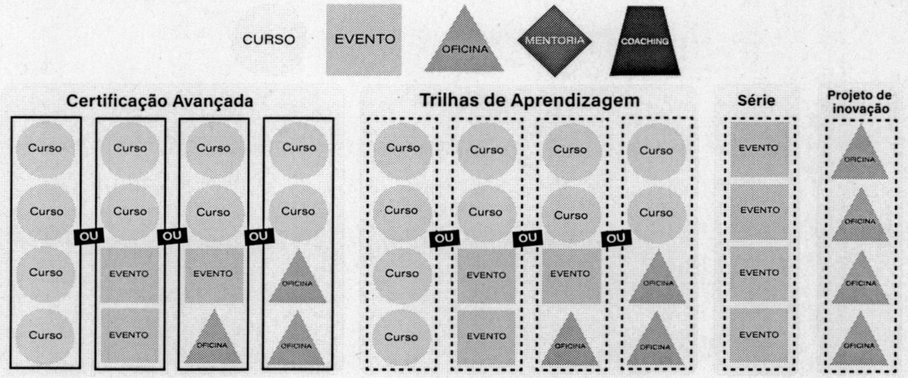

Fonte: Enap ([2023])

4.2 As Coredecs em Santa Catarina

No estado de Santa Catarina, organizam-se de forma descentralizada 20 Coordenadorias Regionais de Defesa Civil, localizadas nas seguintes regiões: Araranguá, Blumenau, Caçador, Canoinhas, Chapecó, Concórdia, Criciúma, Curitibanos, Florianópolis, Itajaí, Jaraguá do Sul, Joaçaba, Joinville, Lages, Maravilha, Rio do Sul, São Miguel do Oeste, Taió, Tubarão e Xanxerê. O objetivo é o cumprimento da Política Nacional de Proteção e Defesa Civil, bem como orientar os municípios à correta utilização dos recursos financeiros, quando atingidos por desastres.

Figura 15 – Mapa das Coredecs em Santa Catarina

Fonte: a autora (2024), adaptada de Santa Catarina (2022)

A gestão das Coredecs está sob a liderança do gabinete do chefe da Defesa Civil, com a função de planejar, organizar e direcionar os serviços da instituição, prestando atendimentos aos municípios e aos cidadãos, gerenciando e administrando as ações de Defesa Civil conforme a Lei Complementar 741, de 12 de junho de 2019.

Figura 16 – Diretoria de Gestão de Educação e Capacitação de Santa Catarina

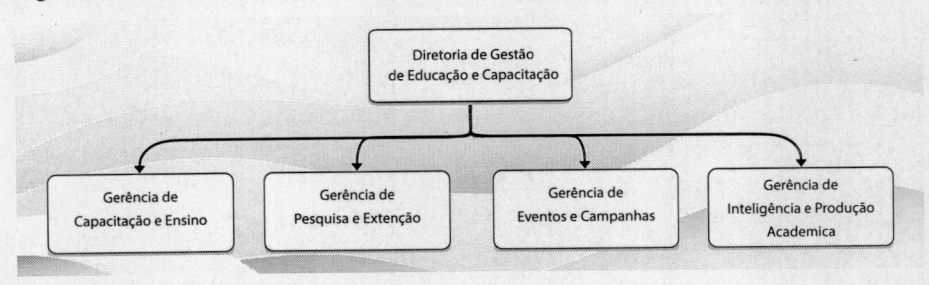

Fonte: Santa Catarina (2023)

A seguir, serão apresentados os resultados da avaliação das três gerências da Dige — Gecae, Geipa e Gepex — para fins de verificação dos processos de ensino-aprendizagem.

4.3 Entrevistas com as gerências

As gerências Gecae, Gepex e Geipa são responsáveis pelo desenvolvimento de ações, programas e projetos voltados ao ensino, pesquisa e extensão. Essas gerências focam na capacitação de recursos humanos em gestão do conhecimento, melhoria da percepção de risco e gestão de desastres, além da ampliação das medidas de autoproteção. As equipes são compostas por profissionais com formação de nível superior, abrangendo três gerências, com um total de oito profissionais e um diretor. Essas gerências oferecem três modalidades de ensino-aprendizagem: Educação a Distância (EaD), presencial e híbrida.

As orientações do processo pedagógico que sustentam o setor educacional da Defesa Civil estadual seguem as diretrizes da Sedec, e, da mesma forma, adota-se, por meio de seus conteudistas, diferentes metodologias. Logo, inexistem, de forma sistematizada, os seguintes procedimentos na Diretoria de Educação: a) escolas pedagógicas que fundamentam os processos de ensino-aprendizagem; b) metodologia didático-pedagógica sociátrica (ensina e cura, concomitantemente); c) matriz curricular anual para formação dos coordenadores regionais na plataforma EaD, tampouco nas outras modalidades de ensino.

Considerando as entrevistas, constatou-se que o socioconstrutivismo[101], mesmo não utilizado oficialmente, é a abordagem que orienta a construção das formações continuadas da Defesa Civil de Santa Catarina, entretanto, até a presente data, não houve uma iniciativa para se estruturar a organização dos processos de formação em Proteção e Defesa Civil com essas características. Dessa forma, os cursos seguem praticamente um formato-padrão: a) modalidade EaD; b) jogos; e c) interação com tutoria.

Ainda, mesmo havendo um Comitê Técnico e Científico (CTC), inexiste uma interação mais intensiva com relação à modelagem de metodologias para formação em Proteção e Defesa Civil. Da mesma forma que a Sedec, a equipe da Diretoria de Educação da Defesa Civil de Santa Catarina é bastante reduzida para a quantidade de atribuições e responsabilidades.

Quanto à regularidade e à demanda dos cursos, mesmo sendo disponibilizados, inexiste um oferecimento contínuo no decorrer do ano, uma vez que a maioria dos eventos se dá em parceria com instituições e membros do CTC.

---

[101] O socioconstrutivismo é uma teoria que vem se desenvolvendo com base nos estudos de Vygotsky e seus seguidores, sobre o efeito da interação social, da linguagem e da cultura na origem e na evolução do psiquismo humano.

Por inexistir um mapeamento das competências, das habilidades e dos perfis psicossomáticos dos coordenadores regionais em Proteção e Defesa Civil, e mesmo dos ingressantes em cursos abertos, persistem algumas dificuldades de se estabelecer uma relação entre a formação e o desenvolvimento de habilidades para orientação das Defesas Civis municipais.

Em relação à definição dos cursos e da base teórica, constatou-se que, antes do plano estadual, os coordenadores regionais não tinham obrigação de se capacitar; entretanto, a partir da Política Estadual de Proteção e Defesa Civil, sua capacitação tornou-se obrigatória[102].

No âmbito da realização de eventos, a programação anual da Defesa Civil de Santa Catarina consiste na realização de atividades na Semana Estadual da Defesa Civil. Por sua vez, as gerências analisadas apontaram a necessidade de capacitações nas seguintes áreas de interesse: a) comunidades seguras; b) mapeamento participativo; c) cartografia social; d) Núcleos de Proteção e Defesa Civil Comunitários; e e) compreensão do risco.

Com relação à existência de um plano de desenvolvimento institucional, metodologias de gestão de projetos educacionais, programas de formação continuada, existem vários planejamentos da diretoria que vão desde o Plano Estadual de Proteção e Defesa Civil e redução de riscos de desastres até uma escola de Defesa Civil em parceria com as universidades, planos ainda não executados por falta de orçamento[103].

Quanto ao sistema de controle e monitoramento das atividades de gestão das gerências da Diretoria de Educação, os indicadores são de natureza de desempenho operacional, e não de processos de ensino-aprendizagem.

---

[102] Destaca-se, entretanto, em relação às diretrizes que acompanham as ações em desenvolvimento, o Programa Defesa Civil na Escola, que traz um projeto político-pedagógico, e que integra: a) as diretrizes nacionais e internacionais com foco em redução de riscos de desastres e também no Plano Nacional de Educação; b) a Política Nacional de Proteção e Defesa Civil; e c) as competências da Base Nacional Comum Curricular (BNCC), que são associadas nos conteúdos trabalhados em conjunto com as escolas. Este é um projeto de extensão vinculado à Instituição Federal Catarinense (IFC) localizada no município de Camboriú, que tem ações integradas de extensão na área de meteorologia e na parte de educação. Existe também uma parceria com a Universidade do Vale do Itajaí (Univali), que criou um aplicativo para algumas ações em Proteção e Defesa Civil. Entretanto, inexiste um programa institucional de pesquisa sistematizado com diretrizes e atividades de extensão, mesmo existindo o CTC, bem como universidades, IFC Camboriú, Secretaria de Estado da Educação, Centro de Estudos e Pesquisas em Engenharia e Defesa Civil (Ceped/Ufsc) e Federação Catarinense de Municípios (Fecam). Neste momento, está em curso um acordo de cooperação com a Universidade de Coimbra e do Minho, em Portugal, e com o Programa Cemaden Educação.

[103] Durante a pandemia não houve desenvolvimento de programação de atividades de capacitação continuada.

SESSÕES DOS SOCIODRAMAS PEDAGÓGICO-MATRICIAIS

5.1 Sociodrama I

No primeiro sociodrama pedagógico-matricial, utilizei a técnica de metáforas do corpo humano no papel. Assim, os coordenadores regionais puderam desenvolver as atividades relacionando suas funções cotidianas às metáforas do corpo humano por meio de três áreas de modelos psicos-somáticos, representados pelas figuras a seguir:

Figuras: Mente, Ambiente e Corpo

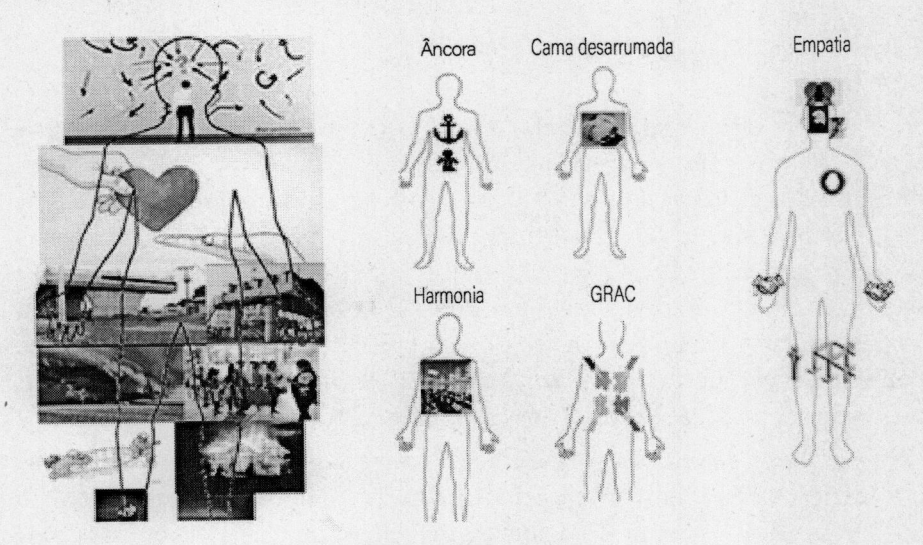

Fonte: coordenadores (2023), dados da pesquisa

Figura 17 – Mente

Fonte: coordenadores (2023), dados da pesquisa

O grupo representado pela Mente apresentou o planejamento estratégico como processo de definição da direção estratégica da Defesa Civil de Santa Catarina, traçando um plano de ação para alcançar seus objetivos de longo prazo. O estudo das demandas e das necessidades das Coordenadorias Regionais de Proteção e Defesa Civil foi definido como uma análise detalhada do ambiente externo em que a Defesa Civil atua, envolve uma avaliação das coordenadorias regionais e instituições envolvidas. Nesse contexto, o estudo poderia acontecer nas coordenadorias regionais; e o planejamento estratégico no Cigerd, em Florianópolis.

O grupo elaborou ainda um mapa com imagens (recortes de figuras) para definir o entendimento em relação à análise dos problemas e da situação da Defesa Civil de Santa Catarina, ao mesmo tempo que traçou paralelos na reflexão do que se tem como ideal, ou do que se imagina ter como ideal.

Nas imagens, o reflexo da necessidade de um planejamento estratégico e do impacto direto na tomada de decisões ficou bastante evidente, tanto na secretaria quanto nas esferas de governo, o que incide diretamente nas demais ações da equipe "Mente", impactando braços, pernas, e espelhado no corpo da "Defesa Civil".

A seguir, onde aparecem afixadas as imagens coladas na Figura Mente, serão expressas as relações entre as figuras e os sentidos que os coordenadores regionais atribuíram: a) a figura de "pontes nos braços" significa obras paradas, filas de processos; b) a figura do "fogo nas pernas" representa o atendimento somente de emergência; c) a figura do gelo representa que estão sempre correndo atrás da mesma coisa; d) a figura do barco representa a instabilidade e a insegurança; e e) a figura de um coração representa a ajuda humanitária e a capacitação do Programa de Defesa Civil na Escola como diferencial de todo o processo.

Figura 18 – Corpo

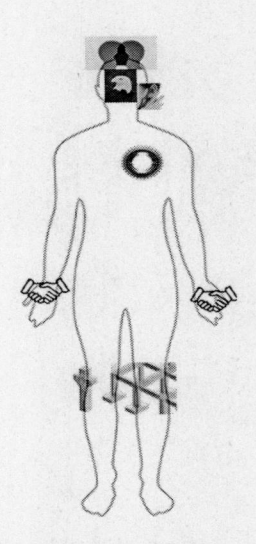

Fonte: coordenadores (2023), dados da pesquisa

No grupo representado pelo Corpo são expressas as relações entre as figuras e os sentidos que os coordenadores atribuíram: a) a figura dos olhos de águia foca as atividades que estão sendo realizadas e executadas nas regionais; b) a cabeça representa a empatia; c) a figura dos ouvidos significa receber e ouvir as demandas, bem como os elogios das populações; d) a figura da engrenagem representa o coração e os demais órgãos que mantêm o corpo de pé e ativo; a engrenagem representando a estrutura onde todas as peças sejam colocadas em sincronia para que todos os membros recebam o sangue, ou seja, as informações qualificadas para que essa engrenagem funcione adequadamente.

Por sua vez, braços e pernas mostram a importância da empatia, do tato e da sensibilidade na hora de levar as informações, de lidar com os municípios em situação de desastre, situações em que as emoções estão à flor da pele, havendo necessidade de saber conversar com o município, trazer a informação para dentro da Defesa Civil, e num segundo momento para os municípios. A estrutura é a base consolidada, firme, com ramificações que se refletem nos coordenadores municipais, na sede, com os coordenadores na ponta e que fazem a diferença.

Figura 19 – Ambiente

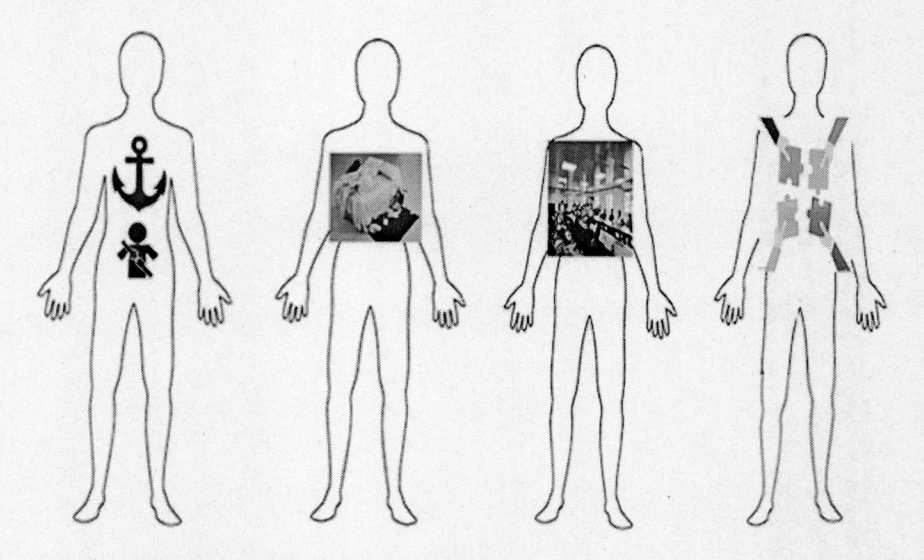

Fonte: coordenadores (2023), dados da pesquisa

No grupo representado pelo Ambiente, foram expressas as relações entre as figuras e os sentidos que os coordenadores atribuíram: a) a "âncora" como símbolo de segurança, sendo responsável pelo processo de perceber a si e ao mundo; na instituição, representa as estratégias, os processos, os procedimentos e a confiança; b) a figura da cama desarrumada representa a necessidade de ajustes nas ações, que se refletem do ambiente interno para o externo, ao mesmo tempo que apresenta um sistema de Defesa Civil bem estruturado, levando qualidade de vida para as pessoas, garantia da vida e dignidade; todos demonstraram grande conectividade com o seu coordenador regional e com as forças internas e externas (escolas, comunidades), ampliando o processo de atuação; c) a figura do Cigerd representa a conectividade e o Programa Defesa Civil na Escola como principal programa de prevenção nas comunidades.

5.2 Sociodrama II

O segundo sociodrama pedagógico-matricial trata da gestão de processos, destacando a falta de recursos e a falta de integração, o que mais leva à desmotivação.

Foram apresentados os pontos fortes, fracos ou a melhorar; e alguns apontamentos na resolução dos problemas: a) apoiar os coordenadores de Defesa Civil; b) necessidade de cartão corporativo; confraternização; integração entre todas as equipes; c) realização de pesquisas de clima organizacional; d) avaliação de desempenho.

O primeiro grupo destaca a falta de recursos; e o segundo, as possibilidades para resolução dos problemas.

Grupo I

Quadro 23 – Grupo I: Falta de recursos

Dedicação	Falta de recursos
Comprometimento	Falta de manutenção
Serviço de monitoramento	Falta de integração
Credibilidade	Cultura organizacional
Produtividade	Desmotivação
Proatividade	Desmotivação
Preparação intelectual	Morosidade

Fonte: a autora (2024), dados da pesquisa

O Grupo I destaca a dedicação dos coordenadores em face da falta de recursos, que impacta na falta de manutenção, de integração, de cultura organizacional como um todo, causando desmotivação e morosidade.

Quadro 24 – Grupo I: Como resolver?

1.	Apoiar o Coredec para realização de parcerias Público-Privadas (PP)
2.	Estabelecer um plano de manutenção (cartão corporativo)
3.	Realizar reuniões para confraternização
4.	Integração de equipes e atividades entre gerências e diretorias
5.	Realizar pesquisas de clima organizacional, avaliação de desempenho

Fonte: a autora (2024), dados da pesquisa

Em relação à resolução dos problemas, o Grupo I aponta a necessidade de parcerias, maior integração, pesquisa do clima organizacional, entretanto estabelecer um plano de manutenção por meio do cartão corporativo acabou se destacando na dramatização.

Grupo II

Quadro 25 – Grupo II: Pontos fortes e fracos

DCSC	PONTO FORTE	PONTO FRACO
Gabinete	Portas abertas	Político, não muito técnico
Diaf	Resposta rápida remotamente	Amadorismo, sem comunicação, falta de manutenção nas estruturas físicas
DIGR	Pasta mais importante da DC	Falta de recurso financeiro
DIGD	Segurança nas análises, entregas de IAHs rápidos	Falta de técnicos; desinformação
Coredecs	União, competência, amor pelo que faz	Padronização de atividades anuais e relatórios

Fonte: a autora (2024), dados da pesquisa

As "portas abertas do gabinete" têm se mostrado como ponto forte, entretanto não é considerado técnico; a Diaf tem a pasta mais importante, mas faltam recursos; existe segurança nas análises, mas faltam técnicos; a padronização das atividades é um ponto fraco, O que exige dos coordenadores competências, sendo este um dos pontos mais impactantes a ser resolvido.

Grupo III

Quadro 26 – Grupo III: Pontos a melhorar e pontos fortes

SETOR	PONTO A MELHORAR	PONTO FORTE
Gabinete	Comunicação Planejamento	Representatividade Abertura, opiniões e ideias
Diretoria Adminis-trativa	Demora na tramitação de processos; Falta de orientação de procedimentos; Falta de sensibilidade com as demandas da ponta; Falta de orientações técnicas para aquisições e serviços; Falta divulgação das licitações em vigor e atas de registro de preço	Atendimento de problemas técnicos na área de TI
Diretoria da Ges-tão da Educação	Excesso de demandas para as regionais; Distribuição de materiais para o Programa Defesa Civil na Escola; Falta de representatividade da diretoria nas ações de educação nas regionais; Falta de antecipação das informações; Falta de planejamento junto às regionais; Melhorar o canal de comunicação com as regionais; Falta de transparência dos dados da diretoria	Estrutura de cursos EaD Capacitações Diagramação no Moodle Atendimento às regionais
Diretoria de Gestão de Riscos	Atendimento na manutenção de radares e barragens	Planejamento de atendimento de vistorias nas regionais
	Melhora no atendimento aos municípios para elaboração de plano de contingências e no repasse de informações antecipadas; Falta de transparência nos dados da diretoria	Emissão de boletins, avisos e alertas

SETOR	PONTO A MELHORAR	PONTO FORTE
Diretoria de Gestão de Desastres	Diferença no tratamento de organização de alinhamentos relacionadas à previsão de desastres por região; Falta de transparência nos dados da diretoria; Fornecimento de kits de transposição, casas modulares, ata do registro de preços de serviços emergenciais	Reunião de alinhamento na previsão de desastres Pronto atendimento na liberação de itens de assistência humanitária
Coredecs	Envolvimento das regionais no planejamento das diretorias; Aumentar a frequência de reuniões presenciais; Falta de divulgação de Boas Práticas realizadas nas regionais; Aumentar a frequência de reuniões com os setores da SDC para alinhamentos e diretrizes	Nossa coordenação geral União Compartilhamento de informações Entre regionais Apoio no atendimento a desastres

Fonte: a autora (2024), dados da pesquisa

O Grupo III relacionou os pontos fortes e os pontos a melhorar da instituição e dos coordenadores em Defesa Civil, destacando a necessidade de encontros presenciais e a divulgação de boas práticas realizadas nas regionais.

5.3 Sociodrama III

O terceiro sociodrama pedagógico-matricial foi realizado em dois atos, com cenas improvisadas, valendo-se da criação coletiva e do uso de cenários virtuais, em que foram experimentados os diversos papéis psicodramáticos, sociais e psicossomáticos; entre os quais, pode-se citar: a) prefeita; b) secretário; c) coordenador; d) gerente; e) minego; f) gambiarra; g) pidão; h) engenheiro; i) geólogo; j) diretor; k) zambondo.

O contexto deu-se pela queda de uma ponte. Com uma comunidade isolada, a prefeita necessitava de um kit de transposição. Por meio do estado de espontaneidade alcançado pelas técnicas, foi possível perceber as dificuldades para aquisição dos kits, bem como a resolução de conflitos em termos de orçamento, processos e procedimentos.

O segundo ato deu-se com a improvisação no uso de táticas de surpresa, cenários virtuais de cidades, denominadas de "Guaicolândia", "Guelfis" e "Bamba do Sul", as quais foram atingidas por diferentes eventos: chuva, granizo, alagamentos, inundações, tsunami, incêndio, entre outros.

Nesse cenário, as pessoas foram muito impactadas por não terem planejamento, até que o "trem" surge como um transporte do futuro para transformar, realçar, eliminar e manter as coisas mais importantes.

Os atores em estado de aquecimento, em resposta às táticas de surpresa lançadas pela diretora, mostraram-se eficazes em relação ao tempo da solução imediata, da percepção de papel, do desempenho e do jogo de papéis (*role playing*).

5.4 Sociodrama IV

O quarto sociodrama pedagógico-matricial foi realizado em três salas temáticas virtuais, nas quais os coordenadores foram alinhados ao "trem", ou seja, para verificar, numa linha temporal de 2023 a 2025, o que precisava ser transformado, realçado, eliminado e mantido na DCSC.

Quadro 27 – Ferramenta "trem": Grupo I

	2023	2024	2025
TRANS-FORMAR	Melhorar/majorar a comunicação entre setores internos; Ferramenta/sistema unificado e integrado de PDC, no âmbito estadual e municipal; As ações preventivas e de PDCE precisam ser mais bem implementadas; Sistema de compras e reparos (viaturas e cartão corporativo); Aquisição de drones; Estrutura física dos Cigerds, com garagem e telhado no hall de entrada	Atualizar as estruturas físicas e os equipamentos; Atividades mais técnicas, e com implementação de dispositivos jurídicos e legais com ampla consulta e divulgação; A preparação e inclusão dos novos Coredecs; Ferramenta/sistema unificado e integrado de PDC, no âmbito estadual e municipal; Sistema de compras e reparos (viaturas e cartão corporativo); Estrutura física dos Cigerds, com garagem e telhado no hall de entrada; O local de instalação do Radar Sul	Atividades mais técnicas, e com implementação de dispositivos jurídicos e legais com ampla consulta e divulgação; A preparação e inclusão dos novos Coredecs; Ferramenta/sistema unificado e integrado de PDC, no âmbito estadual e municipal; Sistema de compras e reparos (viaturas e cartão corporativo)

	2023	2024	2025
REALÇAR	Encontros presenciais, para alinhamentos de estratégias e ações de PDC; Reposição de uniformes semestral e anual e atualização de peças, considerando as demandas de cada região (frio)	Reposição de uniformes semestral e anual e atualização de peças, considerando as demandas de cada região (frio); A divulgação das ações e atividades na imprensa (estadual, regional) e para o público interno; Identidade visual; Boas Práticas	A divulgação das ações e atividades na imprensa (estadual, regional) e para o público interno
ELIMINAR	Goteiras; Formato de pedido de IAH; Excesso de cobranças que não estão normatizadas; Estruturas danificadas dos Cigerds; Atrasos e demoras no recebimento e encaminhamentos de SGPE	Excesso de grupos de WhatsApp; Formato de pedido de IAH; Excesso de cobranças que não estão normatizadas; Estruturas danificadas dos Cigerds	Excesso de cobranças que não estão normatizadas; Estruturas danificadas dos Cigerds
MANTER	Estruturas descentralizadas das DC por meio das Coredecs; Qualidade dos serviços de monitoramento e alertas	Estruturas descentralizadas das DC por meio das Coredecs; Qualidade dos serviços de monitoramento e alertas	Estruturas descentralizadas das DC por meio das Coredecs; Qualidade dos serviços de monitoramento e alertas

Fonte: a autora (2024), dados da pesquisa

Após avaliar suas atividades e verificar o que pode ser transformado, realçado e eliminado, o Grupo I apresentou a necessidade de manter a estrutura descentralizada da DCSC por meio das Coredecs e a qualidade dos serviços de monitoramento e alertas.

Quadro 28 – Ferramenta "trem": Grupo II

	2023	2024	2025
TRANS-FORMAR	Beliche; Iluminação externa; Telhado (cobertura da entrada); Piso; Trena; Banheiro (exaustor); Protetor solar e repelentes; Extintores; Banco, escada; Equipamentos e materiais de jardim; Drone; Limpeza, viatura; Mascote (roupa); Roupa PP; Bolsa APH	Viatura; Equipamento TI; Armário (rack) TI; Garagem; Porta de entrada; Portão de entrada; Cartão-despesa; Material de limpeza; Ventilação, alojamento e depósito; Melhorar EPI (diversos)	Armários; Cozinha; Equipamento; Palestra
REALÇAR	Pintura; Ar-condicionado; Câmara de vigilância; Uniforme e calçado; Local imprensa	Lixeira externa; Padronizador layout; Materiais; SCO; Área externa	
ELIMINAR	Cafeteira; Lixeira gigante; Ruídos de equipamentos; Bebedouro (bombona)		
MANTER	Gerador; Impressora		

Fonte: a autora (2024), dados da pesquisa

Após avaliar suas atividades e verificar o que pode ser transformado, realçado e eliminado, o Grupo II apresentou a necessidade de manter o que já se tem na própria estrutura, a exemplo do gerador e da impressora.

Quadro 29 – Ferramenta "trem": Grupo III

	2023	2024	2025
TRANSFORMAR	Planejamento e orçamento	Execução e acompanhamento	Resultado e correções
REALÇAR	Focar a prevenção	Desenvolver o trabalho preventivo	Reavaliar os resultados
ELIMINAR	Melhorar processo documental	Agilidade no processo	Analisar eficácia e eficiência
MANTER	União	Fortalecer	Resultado

Fonte: a autora (2024), dados da pesquisa

Após avaliar suas atividades e verificar o que pode ser transformado, realçado e eliminado, o Grupo III apresentou a necessidade de manter e fortalecer a união entre os coordenadores para permanecer com os resultados.

6

MATRIZES DE AVALIAÇÃO

A seguir, apresentaremos os resultados dos quatro sociodramas peda-gógico-matriciais por meio das cinco matrizes sociométricas[104]:

a. Matriz de familiaridade;

b. Matriz sociométrica;

c. Matriz socioemocional;

d. Matriz de papel; e

e. Matriz de modelo psicossomático.

Assim como os resultados mediante os cinco traços psicossomáticos, quais sejam:

a. Traços de familiaridade;

b. Traço sociométrico;

c. Traço de espontaneidade;

d. Traço de papel; e

e. Traço de modelo psicossomático.

"Estas cinco matrizes foram desenvolvidas para acessar as cinco camadas mais inacessíveis do grupo", e aqui tratam dos resultados da pesquisa sociométrica moreniana e da teoria do núcleo do eu adaptados pela pesquisadora.

---

[104] Matriz sociométrica são as estruturas sociométricas invisíveis ao olho macroscópico, mas que se tornam visíveis por meio do processo sociométrico de análise (Cukier, 2002, p. 179). Quando se fala em traços psicosso-máticos, estamos nos referindo ao estudo da estrutura psicossomática por meio da vinculação das áreas mente, corpo e ambiente, às estruturas das matrizes sociométricas para acessar as camadas mais inacessíveis do grupo. *Cf.* adaptação de Dias (*apud* Drummond; Souza, 2008, p. 165).
A matriz sociométrica (Moreno, 2015) consiste na figura de um sociograma sob o critério *"quem você escolhe para salvar vidas, inclusive a sua"*. A socioemocioanal, na figura de um sociograma que explora a espontaneidade e a troca de emoções em ação. A de papel, na figura de uma matriz de modelo psicossomático: realiza-se com base na metáfora do arco-íris via inversão de papéis. *Cf.* adaptação de Moreno (1994, p. 215).

Figura 20 – Matriz sociométrica e de traços psicossomáticos

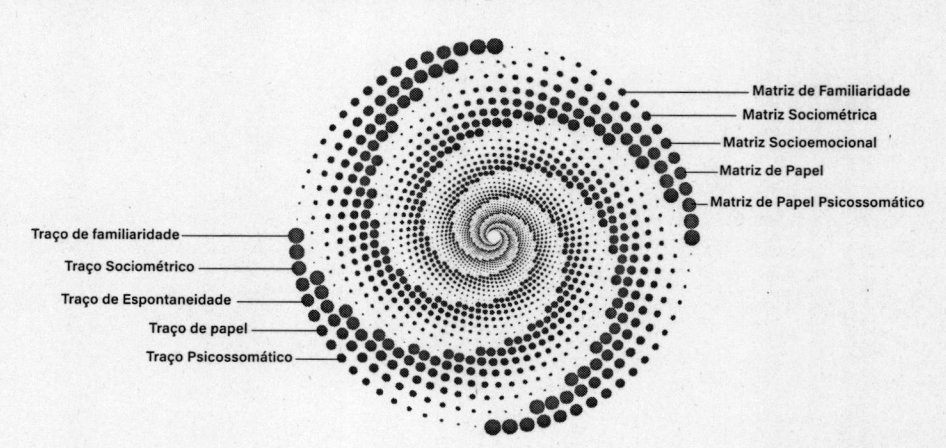

Fonte: a autora (2024)

6.1 Matriz sociométrica

Na função de diretora e terapeuta social, a pesquisadora realizou dois questionários com os coordenadores da Defesa Civil de Santa Catarina.

O Questionário de familiaridade refere-se à escolha sociométrica (escolhas/proximidade e distanciamento entre o grupo), às motivações das escolhas e ao levantamento dos coordenadores que se conhecem apenas por *live*.

O Questionário de modelo psicossomático relaciona-se com as áreas de mente, corpo e ambiente, e ainda com os processos de gestão de riscos de desastres, uma vez que existem diferentes modelos psicossomáticos e se exigem diferentes formas de gestão.

Entre os 17 participantes dessa atividade, foram feitas quatro escolhas de colegas que não estavam presentes. Contudo, a matriz sociométrica demonstrou que oito coordenadores poderiam ser escolhidos de imediato para uma missão que envolvia salvar vidas.

Na matriz sociométrica, os traços podem mostrar que a estrutura do universo social não é perceptível aos olhos, ela só se faz visível mediante o mapeamento sociométrico dessas relações, conforme a figura a seguir.

Figura 21 – Matriz sociométrica

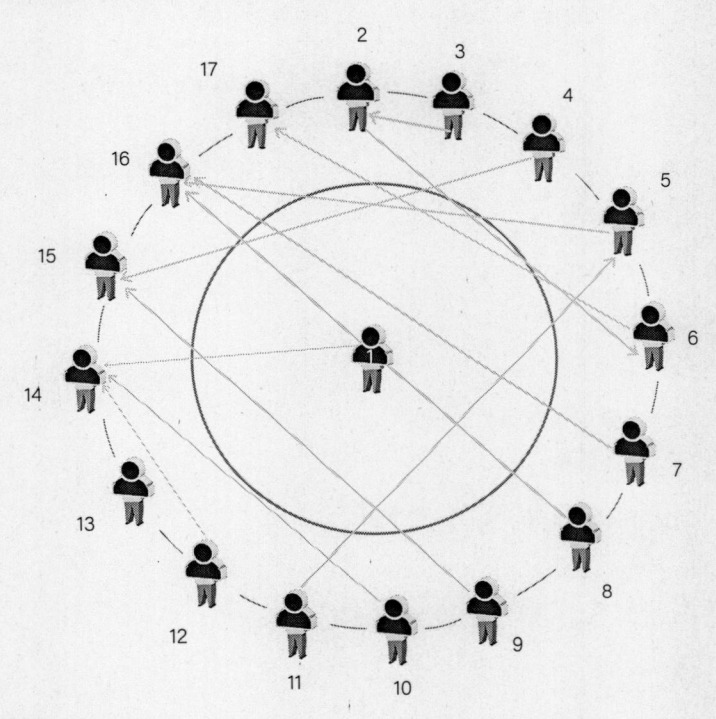

Fonte: a autora (2024)[105]

Essa matriz foi elaborada conforme a estrutura do universo de familiaridade entre os coordenadores. Para tanto, a pesquisadora elaborou três critérios a serem respondidos no questionário de familiaridade:

a. *Quem, entre os coordenadores regionais em Santa Catarina, você escolhe para uma missão que envolve salvar vidas, inclusive a sua?*

b. *Qual a motivação da sua escolha?*

c. *Quem, entre os coordenadores regionais em Santa Catarina, você conhece apenas por* live?

O diagrama de familiaridade permite saber da preexistência de contato social entre os coordenadores.

Concomitantemente, foi realizada a verificação das motivações das escolhas, que se deram pelos seguintes motivos:

---

[105] A matriz sociométrica foi desenvolvida pela pesquisadora.

a. Mesma forma de ação;

b. Já trabalharam juntos e conhecem o seu potencial;

c. Sempre motivado e feliz na labuta;

d. Profissionalismo e operacionalidade;

e. Organizado;

f. Sistemático;

g. Técnico e operacional;

h. Confiança;

i. Afinidade profissional;

j. Cunho profissional e pessoal;

k. Capacidade técnica;

l. Competência;

m. Amigo e conhecido de longa data;

n. Proximidade da coordenadoria;

o. Tempo de resposta;

p. Comprometido com o que faz;

q. Dinâmico;

r. Pensamento rápido;

s. Qualidade de improviso e proximidade.

6.2 Matriz de familiaridade

Entre os participantes, alguns escolheram colegas que não estavam presentes na hora da organização da matriz de familiaridade, e estes foram numerados com a cor vermelha. A matriz de familiaridade apontou que, até o dia 08/07/2023, apenas 4% dos coordenadores da DCSC se conheciam pessoalmente, conforme a figura:

Figura 22 – Matriz de familiaridade

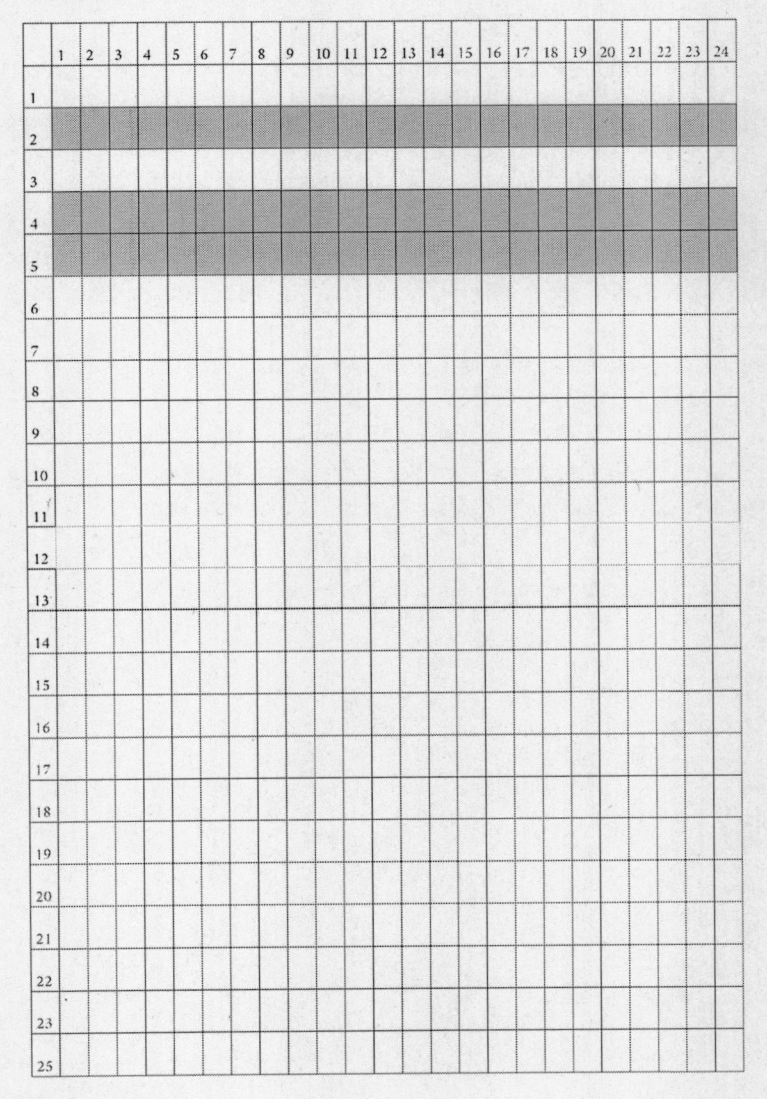

Fonte: a autora (2024)

6.3 Matriz de modelo psicossomático

Entre os 17 participantes dessa atividade, 1 não respondeu e 3 não estavam presentes, mas foram citados. Logo, os traços que possivelmente correspondem aos modelos psicossomáticos dos coordenadores foram os seguintes:

a. Dois coordenadores apresentaram traços que se relacionaram com a área do corpo[106];

b. Dois coordenadores apresentaram traços que se relacionaram com a área do ambiente;

c. Oito coordenadores apresentaram traços que se relacionaram com a área da mente.

Logo, os três modelos psicossomáticos (ver figura a seguir) estão inseridos no quadro da Defesa Civil de Santa Catarina. Entretanto, a pesquisa aponta que o modelo predominante é o da área "mente", que corresponde ao modelo do ciclo de Proteção e Defesa Civil da prevenção. Isto significa dizer que a má estruturação desse modelo afeta a fase inicial do ciclo de Proteção e Defesa Civil. Uma vez identificado o modelo psicossomático, é fundamental saber como reconhecer suas competências, habilidades e atitudes na preparação para a ação de um evento extremo.

Figura 23 – Matriz de modelo psicossomático: a metáfora do arco-íris

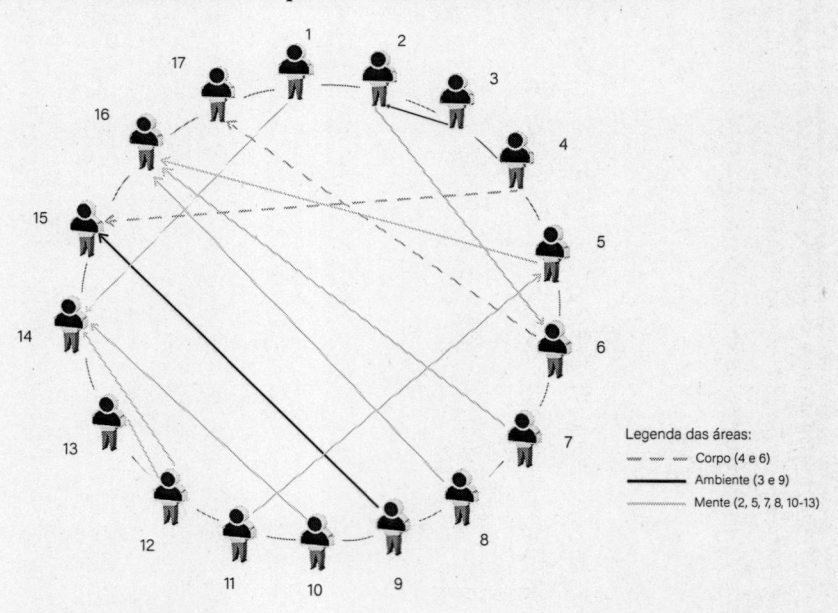

Fonte: a autora (2024)

---

[106] Conforme vimos, segundo a teoria do núcleo do eu, de Rojas-Bermúdez, são três as áreas dos modelos de papéis psicossomáticos: mente, corpo e ambiente.

6.4 Matriz de papel

O terceiro sociodrama, representado pela figura a seguir, traz também os três modelos de papéis psicossomáticos: mente, corpo e ambiente.

Figura 24 – Matriz de papel

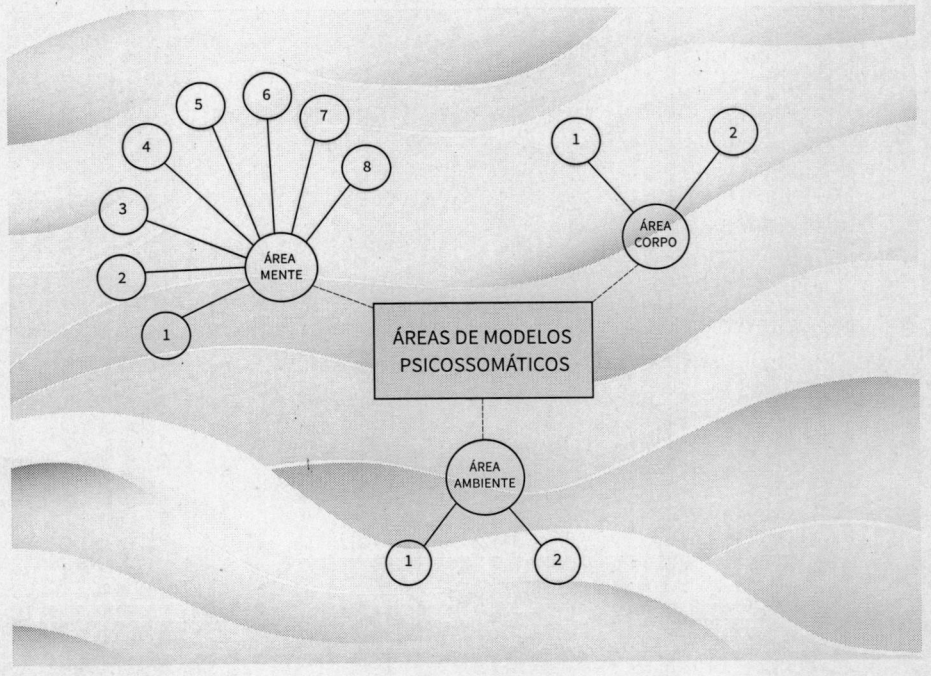

Fonte: a autora (2024)

De acordo com Moreno[107], os papéis são precursores do ego, e classificam-se em:

a. Origem (coletivos e individuais);

b. Grau de liberdade da espontaneidade (adoção, representação e criação de papéis);

c. Conteúdo (papéis psicossomáticos, psicodramáticos e sociais);

d. Quantidade (deficiência, adequação e superioridade de papéis); Tempo (expectativa/futuro, atualidade/presente, reminiscente/passado);

---

[107] MORENO, 2015, p. 129.

e. Velocidade (lenta, média, rápida, excessiva);

f. Consistência (fraca, equilibrada, forte);

g. Posição (dominante, recessiva); e

h. Forma (flexível e rígida).

Na visão moreniana, o desempenho é anterior ao eu, isto é, surge do desempenho de papéis. A pesquisa sociométrica sugere que a má estruturação dos modelos psicossomáticos pode abalar diretamente os coordenadores regionais de Proteção em Defesa Civil, em relação ao cumprimento das etapas — fase do ciclo de Proteção e Defesa Civil que se caracteriza em prevenção, mitigação, preparação, resposta e recuperação.

6.5 Matriz socioemocional

Conforme a figura a seguir, a matriz socioemocional aponta que 20% dos Coredecs se caracterizam pela área "corpo"; 20% dos participantes caracterizam-se pela área "ambiente"; e 60%, pela área "mente", que corresponde a planejamento, decisão e execução de ações no ambiente externo.

Figura 25 – Matriz socioemocional

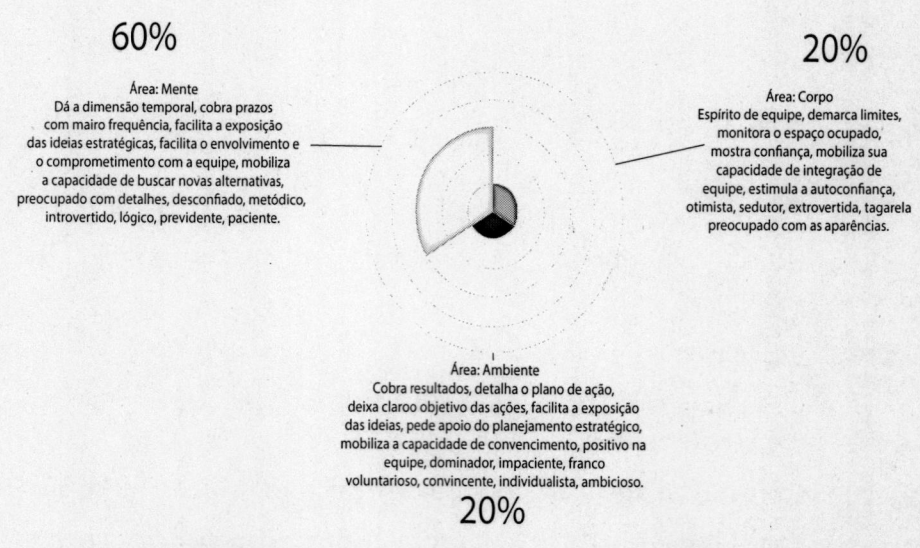

Fonte: a autora (2024), adaptada de Drummond e Souza (2008, p. 169)

De acordo com Drummond e Souza[108], o desenvolvimento afetivo na matriz de identidade de cada indivíduo, estabelecido na infância, deixa resíduos nos papéis psicossomáticos, tanto nos contextos sociais quanto profissionais. Moreno recomenda, portanto, o retreinamento periódico da espontaneidade como medida para mitigar esses efeitos ao longo do tempo.

De acordo com a teoria do núcleo do eu, a área "corpo" saudável caracteriza-se como a de um sujeito proativo, que consegue incorporar de maneira adequada os conteúdos externos aos internos; estimular equipes; ser otimista, extrovertido e ter espírito de equipe.

A área "ambiente" saudável é aquela que se caracteriza por criatividade, elaboração, comunicação de conteúdos internos para externos. Trata-se de uma pessoa franca e convincente.

Já a área "mente" saudável caracteriza-se por integrar sujeitos estrategistas ao planejamento, que têm grande capacidade decisória, executam bem os atos no ambiente externo.

Corroborando com Drummond e Souza[109], a restrição no desenvolvimento dos modelos de papéis psicossomáticos pode acarretar dificuldades em todos os setores de produção, criação, planejamento e execução.

O modelo relacionado à área "corpo", quando mal estruturado, pode apresentar alterações corporais do ambiente externo para o interno de insatisfação; assim como na instituição, quando há falta de alimentação para o financeiro ou pessoal, o clima institucional e todo o arranjo físico podem sofrer alterações.

Da mesma forma, o modelo "ambiente", quando mal estruturado (falta de integração), altera a criatividade, a elaboração e a comunicação dos conteúdos internos para os externos. Sem comunicação adequada, toma-se um determinado caminho (cada coordenador trabalha com o que se tem), afetando estratégias, processos e procedimentos.

O modelo relacionado à área "mente", predominante na Defesa Civil de Santa Catarina, quando saudável, é o que melhor desempenha processos e procedimentos para alcançar os objetivos e estratégias do planejamento, com capacidade de tomada de decisão e execução de atos no ambiente externo em contextos de eventos extremos.

---

[108] Joceli Drummond, Andréa Claudia de Souza. São Paulo. São Paulo: Ágora, 2008
[109] DRUMMOND; SOUZA, 2008.

A seguir, apresento um quadro com algumas características de cada área e sua importância na percepção de conflitos, alívio da tensão e promoção de um clima favorável aos processos de aprendizagem. Estes processos são influenciados pelas sensações cenestésicas que ocorrem na matriz

Quadro 30 – Áreas dos papéis psicossomáticos

CORPO	AMBIENTE	MENTE
• Demarcar limites; • Monitorar espaço ocupado; • Mostrar confiança; • Mobilizar sua capacidade de integração de equipe; • Estimular a autoconfiança.	• Deixar claro o objetivo de cada ação; • Cobrar resultados com maior frequência; • Detalhar o plano de ação; • Cobrar resultados; • Facilitar a exposição das ideias e do planejamento; • Pedir apoio do planejamento estratégico; • Mobilizar a capacidade de convencimento positivo da equipe.	• Dar a dimensão temporal; • Cobrar prazos com maio frequência; • Facilitar a exposição das ideias estratégicas; • Facilitar o envolvimento e o comprometimento com a equipe; • Mobilizar a capacidade de buscar novas alternativas.

Fonte: a autora (2024), adaptada de Drummond e Souza (2008)

Segundo Moreno[110], as matrizes sociométrica podem ser exploradas de modo a aprofundar as camadas mais inacessíveis dos grupos. São, portanto, parte essencial da pesquisa sociométrica e podem estabelecer diagnósticos com base científica.

6.6 Avaliação geral

A matriz de familiaridade permitiu verificar o volume de expansão social dos coordenadores regionais. No início da atividade, observou-se que, numa escala de 0% a 100%, apenas 4% dos coordenadores tinham familiaridade, ou seja, conheciam-se face a face, quadro revertido em 100% de familiaridade depois de um encontro presencial em decorrência dos 50 anos de Defesa Civil de Santa Catarina.

A matriz sociométrica permitiu, por sua vez, mapeamento sociométrico (atração e rejeição). Entre os 17 coordenadores presentes na hora da atividade, 8 seriam escolhidos de imediato para uma missão que envolvia salvar vidas.

---

[110] MORENO, Jacob Levy. **Quem sobreviverá?** Fundamentos da sociometria, psicoterapia de grupo e sociodrama. Goiânia: Dimensão, 1994. p. 215.

A matriz socioemocional permitiu verificar, numa escala de 0% a 100%, quanto cada coordenador se identificava em relação a cada modelo psicossomático: 20% relacionam-se bem com a área "corpo"; 20%, com a área "ambiente"; e 60%, com a área "mente".

A matriz de papel permitiu avançar em relação à percepção e no desempenho dos papéis psicossomáticos — mente, corpo e ambiente — dos coordenadores.

Já a matriz dos modelos psicossomáticos permitiu avaliar que: a) 66,66% dos coordenadores regionais em Proteção e Defesa Civil têm traços da área "mente"; b) 16,66%, da área "corpo"; e c) 16,66%, da área "ambiente".

Tenha em mente, no entanto, que os resultados das matrizes de avaliação não são definitivos, senão apontam caminhos para processos de ensino-aprendizagem em gestão de riscos de desastres embasados nas habilidades e competências e áreas de atuação dos coordenadores de Proteção e Defesa Civil.

EPÍLOGO

Como vimos no início de nosso percurso, é enorme o desafio enfrentado ao trazer ao campo da pedagogia o campo da psicologia psicodramática, numa perspectiva de avaliação de processos de ensino-aprendizagem, e orientado para capacitação de coordenadores regionais em Proteção e Defesa Civil.

Esse esforço acabou por exigir a integração de arcabouços teóricos passíveis de aplicação no campo da pedagogia, e não da psicologia clínica, considerando a perspectiva do desenvolvimento dos sociodramas pedagógico-matriciais.

Por outro lado, precisamos estabelecer esse longo caminho considerando a necessidade técnica de um processo de produção de conhecimento científico, num curso de mestrado profissional em desastres naturais, que acabou ficando demarcado no conjunto das atividades realizadas e do tamanho que a pesquisa acabou assumindo.

Os sociodramas realizados, ainda em modo experimental, no ano de 2019 acabaram por demonstrar o impacto e a necessidade de uma abordagem centrada nesses coordenadores regionais e, conforme suas demandas específicas, acabaram por ser a mola propulsora para a realização deste livro, cuja proposição começou durante a pandemia da covid-19.

Com o mesmo entusiasmo despertado no ano de 2019, quando foram realizados os sociodramas pedagógicos primários, no ano de 2023 os coordenadores regionais demonstraram claramente a vontade de fazer com que a Defesa Civil no estado de Santa Catarina fosse alçada ao nível de excelência na Federação brasileira.

Por outro lado, em face da falta de institucionalização de processos operacionais, muitos sentimentos traduziram o dia a dia das relações profissionais no exercício de coordenadores regionais com os municípios, atendidos conforme jurisdição de cada coordenadoria regional, por meio dos diferentes sociodramas pedagógico-matriciais.

Por sua vez, integrar educação e saúde como base desta pesquisa proporcionou muitas perguntas, ainda sem respostas, visando apontar a necessidade de uma mudança gradual, porém efetiva, na estrutura dos processos de ensino-aprendizagem em Proteção e Defesa Civil, e que a educação ainda não é transversal em muitas ações de caráter de intersetorialidade das políticas públicas, como aponta a Política Nacional de Proteção e Defesa Civil — o mesmo acontecendo na área da saúde[111].

O contexto profissional dos coordenadores regionais em Proteção e Defesa Civil exige um alto nível de resiliência psicossomática, para se conseguir pensar, sentir e agir diante dos efeitos-surpresa que os eventos extremos apresentam; e, num segundo momento, mobilizar-se para a ação (resposta e reconstrução) — mesmo que alguns aparentemente estejam, conforme verificado, num estado psicossomático de prevenção e mitigação.

Essa identificação, somada aos relatos dos sociodramas realizados, apontou, por meio da ludicidade dos sociodramas pedagógico-matriciais, os sentimentos mais profundos que poderiam ser objeto de gestão pela Defesa Civil estadual, e que impactam diretamente a realização das atividades diárias.

Nesta mesma perspectiva, o fato de a Diretoria de Educação ainda não ter institucionalizado um projeto político-pedagógico, nem uma matriz curricular, centrado no desenvolvimento das habilidades socioemocionais para atuação em contextos de eventos extremos, via metodologias ativas (portanto não racionais), acaba impedindo a criação de competências mais efetivas para que os coordenadores regionais em Proteção e Defesa Civil estejam mais preparados emocionalmente e, prontamente, mobilizem-se para ações coordenadas na resposta e reconstrução quando da ocorrência de um evento extremo.

Desde a década de 1990, existe um movimento mundial que aponta a necessidade da capacitação visando à promoção da "cultura de prevenção aos desastres", vinculado aos Objetivos do Desenvolvimento Sustentável, nas diferentes escalas espaciais das políticas públicas. Por isso, o sociodrama pedagógico-matricial surge como inovação e uma nova metodologia ativa, complementando ações em relação às lacunas já descritas, ao integrar, na área da educação, as funções conativas (motivação, temperamento e personalidade) e executivas (pensamento e ação).

As funções conativas e executivas, por sua vez, têm o papel de *input* (recepção, percepção e exploração), integração (jogo, comparações, ligações, semelhanças, estabelecimento de relações), e *output* (comunicação clara e desbloqueada) na preparação dos agentes de Defesa Civil para situações de sobrevivência, ameaça, perigos, ansiedade, insegurança ou desconforto.

---

[111] Embora já exista no Brasil o Programa Saúde nas Escolas, que visa à integração e à articulação permanente da educação e da saúde, o Ministério da Educação (MEC) ainda se questiona: *Como consolidar essa questão nas escolas?*

Para concretizar o ato de "aprender a aprender", que é um dos pilares da educação, é preciso inserir o pilar da criatividade, tornado possível, por meio dos resultados decorrentes da realização dos sociodramas pedagógico-matriciais, a liberação do ato criador: por técnicas e jogos utilizados em cada sociodrama e que acabam por promover a espontaneidade e o desenvolvimento da sensibilidade perdida no contexto das conservas culturais sociais e institucionais, como é o caso da Defesa Civil de Santa Catarina.

Destaco aqui — e mais uma vez — a importância de incluir o pilar da educação, aprender a criar[112], como proposta de "ação corretiva do nosso tempo", uma ação antimecânica que possa enunciar as técnicas psicodramáticas já conhecidas, bem como para registrar as criações.

Nesse sentido, para uma aprendizagem bem-sucedida do processo de formação dos gestores regionais em Proteção e Defesa Civil, bem como da estruturação da Diretoria de Educação, seria primordial o desenvolvimento e a capacitação de todas as gerências para que internalizassem tanto a socionomia quanto a fundamentação didático-pedagógica ao integrar os conceitos socioemocionais com os conceitos socionômicos, conforme proposta nesta pesquisa, e com isso integrar a espontaneidade, a criatividade e a sensibilidade como fundamento de um projeto político e pedagógico de capacitação continuada em Proteção e Defesa Civil para o Brasil.

Aqui trouxe como exemplo a técnica de metáforas do corpo humano no papel, desenvolvida por mim. Ela vem sendo testada desde 2019, para que se possa promover, de forma integral, tanto o desenvolvimento das competências quanto de uma matriz curricular para capacitação em Proteção em Defesa Civil, pautada no desenvolvimento socioemocional, com os demais pilares, para todos os graus da educação, até o ensino superior, vinculando a proposta inicial da aplicação da socionomia para a educação, conforme foi proposto na década de 1930.

O sociodrama pedagógico-matricial, em sua etapa de "aquecimento", impulsiona o sujeito à vontade de criar e produzir, tornando a aprendizagem profunda, dinâmica, interativa e atrativa, no intuito de expandir o conhecimento, desenvolvendo alto grau de autonomia e coesão nos diferentes contextos curriculares, valendo-se de um palco sui generis, flexível e multidimensional. Com isso, acaba-se por focalizar as suas luzes no desenvolvimento de competências e habilidades socioemocionais por meio de uma metodologia ativa e libertadora das tensões mediante a ludicidade.

---

[112] O quinto pilar da educação, aprender a criar, é uma marca patenteada por esta pesquisadora.

Em termos de relevância, é uma abordagem capaz de capacitar seus interlocutores a desenvolverem competências e habilidades socioemocionais mediante princípios de sustentabilidade, comunicação, cultura, direitos humanos, saúde, paz, segurança e gestão de riscos de desastres, de modo a mitigar, em suas inter-relações, sintomas de inquietação existencial, depressão, medo, desequilíbrio emocional, prevenir bullying, violência e hostilidade para que possam trabalhar suas habilidades e competências em profundidade.

Em todo esse contexto, foi fundamental avançar na compreensão das matrizes sociométricas como as bases para a construção de uma matriz curricular com mensuração de resultados aos processos de formação continuada, não só para coordenadores de Proteção em Defesa Civil. Ao mesmo tempo que essa proposta os torna saudáveis, apoiados no resgate da sua espontaneidade, capacita-os, alinhando-os a um estado de saúde emocional, exigência dos organismos internacionais.

Tive o cuidado de identificar os diferentes fundamentos que sustentam as diferentes abordagens para verificar efetivamente quais delas representavam um avanço científico em termos de compreensão dos objetivos desta pesquisa, entre as quais podemos citar: a) a teoria "U", de 2019, fundamentada por Kurt Lewin; e b) os objetivos de desenvolvimento interno como a estrutura primeira dos fundamentos socionômicos.

Por sua vez, toda essa caracterização e esse avanço técnico foram necessários para a consistência do produto técnico desta pesquisa, que poderá ser visto como uma possibilidade de diretriz à estrutura de cursos de formação continuada para gestores regionais de Proteção e Defesa Civil, que por si só validou o sociodrama como recurso didático-pedagógicos para formação de coordenadores regionais em Proteção e Defesa Civil, bem como o seu decorrente produto técnico (protocolo).

O sociodrama pedagógico-matricial tornou possível, ainda, identificar e integrar os traços de modelos psicossomáticos aos processos de gestão de riscos de desastres, uma vez que existem diferentes áreas (mente, corpo e ambiente) e se exigem diferentes formas de gestão.

Com base na Figura 20, que trata da matriz de traços de modelo psicossomáticos, você pôde observar a comprovação dos resultados da pesquisa: a) 66,66% dos coordenadores regionais têm um perfil voltado para a área "mente", portanto orientados a prevenção e mitigação; b) 16,66% para resposta; e 16,66% para reconstrução, respectivamente, os perfis das áreas "corpo" e "ambiente", que estão voltados para ação em menor número, para o ciclo de gestão de desastres. Esses resultados foram relativos a 12 coordenadores regionais em Proteção de Defesa Civil, dos 20 participantes que enviaram os questionários solicitados[113].

Por fim, toda a discussão, a fundamentação, a metodologia e os resultados foram traduzidos tecnicamente em nosso produto técnico, e a realização desta pesquisa gerou várias questões que não foram objeto de discussão, mas que deverão ser objeto de pesquisas futuras, por exemplo:

a. A institucionalização do quinto pilar da educação na estrutura da Unesco, "aprender a criar", para um ciclo completo do processo de ensino-aprendizagem, que, além de racional, seja socioemocional, por meio dos sociodramas pedagógico-matriciais, integrando educação e saúde de forma planejada e com controle de resultados dos processos de avaliação;

b. O produto técnico apresentado como resultado desta investigação poderá ser utilizado tanto para organizar a Diretoria de Educação da Defesa Civil do Estado de Santa Catarina e do Brasil quanto o seu respectivo projeto político-pedagógico sociodramático-matricial;

c. No contexto da socionomia, vislumbrou-se a necessidade, no âmbito da pedagogia, do desenvolvimento de formação de pedagogos em sociodrama pedagógico-matricial para fins de garantir a desejada integração entre educação e saúde, ainda não atingida;

d. Criar um espaço de aprendizagem e desenvolvimento das habilidades socioemocionais para o corpo técnico da Defesa Civil de Santa Catarina e do Brasil, por meio de uma Defesoteca®[114] (laboratório de criaturgia);

e. Criar um fórum sociodramático para mediação de conflitos organizacionais das Coordenadorias Regionais de Proteção e Defesa Civil, em que os sentimentos dos diferentes perfis psicossomáticos possam resgatar a sua espontaneidade, sua criatividade e sua sensibilidade.

---

[113] Em função de falta de energia elétrica no dia da realização dessa atividade, oito coordenadores acabaram não conseguindo enviar os referidos questionários, então talvez possa haver outra composição das áreas levantadas.

[114] A Defesoteca® é um laboratório de criaturgia (criação e dramaturgia) que surgiu de brinquedotecas (2012) sob a coordenação da Prof.ª Dr.ª Vanda Minini, pela Faculdade Anhanguera, São José/SC, e depois pelo programa do governo federal Mais Cultura nas Escolas. Hoje é uma marca patenteada pela pesquisadora.

Espero que esses conhecimentos e o protocolo que testamos para os coordenadores regionais seja eficiente também para você, esteja onde estiver. Bons estudos, e até a próxima!

REFERÊNCIAS

ABED, Anita. **O desenvolvimento das habilidades socioemocionais como caminho para a aprendizagem e o sucesso escolar de alunos da educação básica**. São Paulo: Unesco; MEC, 2014.

AÇÃO DE DESENVOLVIMENTO. *In*: ENAP. Brasília, [2023].

BOSSLE, Vânio. Polícia Militar Ambiental lança projeto de teatro-educação para as crianças. **VB Vanio Bossle**, Florianópolis, 31 out. 2018.

BRASIL. **Decreto nº 2.208, de 17 de abril de 1997**. Regulamenta o § 2 º do art. 36 e os arts. 39 a 42 da Lei nº 9.394, de 20 de dezembro de 1996, que estabelece as diretrizes e bases da educação nacional. Brasília: Presidência da República, 1997. Disponível em: http://www.planalto.gov.br/ccivil_03/decreto/D2208.htm. Acesso em: 21 jun. 2013.

BRASIL. **Lei nº 9.394, de 20 de dezembro de 1996**. Estabelece as diretrizes e bases da educação nacional. Brasília: Presidência da República, 1996. Disponível em: https://www.planalto.gov.br/ccivil_03/leis/l9394.htm. Acesso em: 20 mar. 2024.

BRASIL. **Lei nº 12.608, de 10 de abril de 2012**. Institui a Política Nacional de Proteção e Defesa Civil - PNPDEC; dispõe sobre o Sistema Nacional de Proteção e Defesa Civil - SINPDEC e o Conselho Nacional de Proteção e Defesa Civil - CONPDEC. Brasília: Presidência da República, 2012. Disponível em: http://www.planalto.gov.br/ccivil_03/_ato2011-2014/2012/lei/l12608.htm. Acesso em: 19 nov. 2022.

BRASIL. Ministério da Ciência, Tecnologia e Inovação. Centro Nacional de Monitoramento e Alertas de Desastres Naturais. Brasília. Projeto Elos mobiliza as defesas civis municipais para preencher o questionário até o dia 20 de março. **Notícias**, São José dos Campos, 1 mar. 2021.

BRASIL. Ministério da Educação. **Base nacional comum curricular**: educação é a base. Brasília: MEC, 2018. Versão final.

BRASIL. Ministério da Integração Nacional. Secretaria Nacional de Proteção e Defesa Civil. **Diagnóstico e análise das necessidades de formação em gestão de risco e de desastres**. Projeto BRA/12/017 - Fortalecimento da cultura de gestão de risco de desastres no Brasil. Brasília: MIN/Sedec, 2014.

BRASIL. Ministério do Desenvolvimento Regional. Secretaria Nacional de Proteção e Defesa Civil. **Diagnóstico de capacidades e necessidades municipais em Proteção e Defesa Civil**. Brasília: MIDR/Sedec, 2021.

BRASIL. Ministério do Desenvolvimento Regional. Secretaria Nacional de Proteção e Defesa Civil. **Plano de capacitação continuada em Proteção e Defesa Civil 2019-2023**. Brasília: MDR/Sedec, set. 2022.

CORRÊA, Cristiano; PEDROSA, Ivo Vasconcelos; SILVA, Maria de Fátima Gomes da. A interdisciplinaridade na formação profissional de bombeiros militares em Pernambuco sob a ótica dos discentes. **Revista Brasileira de Estudos de Segurança Pública**, Goiânia, v. 9, n. 2, p. 13-22, 2016.

COSTA, Luciana Lima da. **O teatro como abordagem educativa na prevenção de risco ambiental**: peça teatral "Heróis somos todos nós" em escolas de Jaraguá do Sul, SC, 2013. Dissertação (Mestrado em Educação) – Universidade do Vale do Itajaí, Itajaí, 2013.

CUKIER, Rosa. **Palavras de Jacob Levy Moreno**: vocabulário de citações do psicodrama, da psicoterapia de grupo, do sociodrama e da sociometria. São Paulo: Ágora, 2002.

DELORS, Jacques. **Educação, um tesouro a descobrir**: relatório para a Unesco da Comissão Internacional sobre Educação para o Século XXI. Tradução de José Carlos Eufrázio. Brasília: São Paulo; Brasília: Unesco, 1996.

DIAS, Victor R. C. Silva. **Psicodrama**: teoria e prática. São Paulo: Ágora, 1987.

DINIZ, Gleidemar J. R. **Psicodrama pedagógico e teatro-educação**. São Paulo: Ícone, 1995.

DRUMMOND, Joceli; SOUZA, Andréa Claudia de. **Sociodrama nas organizações**. São Paulo: Ágora, 2008.

ESCOLA NACIONAL DE ADMINISTRAÇÃO PÚBLICA (ENAP). **Catálogo de cursos**. Brasília, [2023a].

ESCOLA NACIONAL DE ADMINISTRAÇÃO PÚBLICA (ENAP). **Plano de desenvolvimento institucional**: 2020-2024. Brasília, [2023b].

FAVA, Stela Regina de Souza. Os conceitos de espontaneidade e tele na educação. *In*: PUTTINI, Escolástica Fornari; LIMA, Luzia Mara (org.). **Ações educativas**: vivências com psicodrama na prática pedagógica. São Paulo: Ágora, 1997. p. 25-32.

FONSECA, Vitor da. Papel das funções cognitivas, conativas e executivas na aprendizagem: uma abordagem neuropsicopedagógica. **Revista Psicopedagogia**, Lisboa, v. 31, n. 96, p. 236-253, 2014.

FÓRUM MUNDIAL DE EDUCAÇÃO, 38., 2015, Incheon. **Declaração de Incheon**. Educação 2030: rumo a uma educação de qualidade inclusiva e equitativa e à educação ao longo da vida para todos. Incheon: Unesco, 2015.

FURLAN, Maria de Lurdes. Pedagogia da alegria: meu encontro com Moreno. *In*: PUTTINI, Escolástica Fornari; LIMA, Luzia Mara (org.). **Ações educativas**: vivências com psicodrama na prática pedagógica. São Paulo: Ágora, 1997. p. 81-92.

GUIMARÃES, Leonídia Alfredo. Teoria do núcleo do eu de Rojas-Bermúdez e sua correlação com o imagodrama. **Revista Brasileira de Psicodrama**, São Paulo, v. 29, n. 3, p. 163-171, set./dez. 2021.

INNER DEVELOPMENT GOALS (IDG). **Background, method and the IDG framework**. [*S. l.*]: NU, 2021.

INTERNATIONAL STRATEGY FOR DISASTER REDUCTION (ISDR). **Framework for action**: for the implementation of the International Strategy for Disaster Reduction (ISDR). [*S. l.*], 2001.

KRÜGER, Jairo Ernesto Bastos. **Proposta de um modelo de certificação por competências para o uso do Sistema Integrado de Informações sobre Desastres**. 2014. Dissertação (Mestrado em Administração Universitária) – Universidade Federal de Santa Catarina, Florianópolis, 2014.

LEITE, Vitor Costa. **A formação profissional do soldado bombeiro militar de Minas Gerais**: análise da malha curricular do Curso de Formação de Soldados. 2018. Monografia (Especialização em Gestão e Proteção e Defesa Civil) – Fundação João Pinheiro, Escola de Governo Professor Paulo Neves de Carvalho, Belo Horizonte, 2018a.

LEITE, Vitor Costa. **O desenvolvimento da liderança durante a formação profissional dos sargentos do Corpo de Bombeiros Militar de Minas Gerais**: uma análise focada no curso de formação de sargentos 2017. 2018. Monografia (Especialização em Gestão Pública) — Universidade Federal de São João del-Rei, São João del-Rei, 2018b.

LIMA, Maria Silva Leme; LISKE, Ligia Pizzolante. **Para aprender no ato**: técnicas dramáticas na educação. São Paulo: Ágora, 2004.

LIMA, Ronaldo Rosa de. **O desenvolvimento da liderança militar no Curso de Formação de Oficiais**: análise da formação profissional no período de 2011 a 2019. 2020. Monografia (Especialização em Gestão, Proteção e Defesa Civil) – Fundação João Pinheiro, Escola de Governo Professor Paulo Neves de Carvalho, Belo Horizonte, 2020.

MACHADO, Denes Antunes. **Estudo da eficácia do treinamento profissional básico como estratégia e desenvolvimento de competências individuais no 7º Batalhão de Bombeiros Militar**. 2020. Monografia (Especialização em Gestão, Proteção e Defesa Civil) – Fundação João Pinheiro, Escola de Governo Professor Paulo Neves de Carvalho, Belo Horizonte, 2020.

MALUFE, Annita B. C.; SZYMANSKI, Heloisa. O psicodrama e o trabalho educativo com famílias. *In*: PUTTINI, Escolástica Fornari; LIMA, Luzia Mara (org.). **Ações educativas**: vivências com psicodrama na prática pedagógica. São Paulo: Ágora, 1997. p. 57-70.

MARINO, Marilia J. O grupo no processo educativo. **Linhas Críticas**, Brasília, v. 4, n. 7-8, p. 87-98, 1999.

MELO, Armando Sérgio Emerenciano de; MAIA FILHO, Osterne Nonato; CHAVES, Hamilton Viana. Lewin e a pesquisa-ação: gênese, aplicação e finalidade. **Fractal**: Revista de Psicologia, [*s. l.*], v. 28, p. 153-159, 2016.

MILANEZ, Bruno; FONSECA, Igor Ferraz. Justiça climática e eventos climáticos extremos: uma análise da percepção social no Brasil. **Revista Terceiro Incluído**, Goiás, v. 1, n. 2, p. 82-100, 2011.

MORENO, Jacob Levy. **Psicoterapia de grupo e psicodrama**. São Paulo: Mestre Jou, 1959.

MORENO, Jacob Levy. **Psicodrama**. São Paulo: Cultrix, 2015.

MORENO, Jacob Levy. **Psicoterapia de grupo e psicodrama**. São Paulo: Mestre Jou, 1974.

MORENO, Jacob Levy. **Quem sobreviverá?** Fundamentos da sociometria, psicoterapia de grupo e sociodrama. Tradução de Alessandra Rodrigues de Faria, Denise Lopes Rodrigues e Márcia Amaral Kafuri. Belo Horizonte: Dimensão Editora, 1992. v. 1.

MORENO, Jacob Levy. **Quem sobreviverá?** Fundamentos da sociometria, psicoterapia de grupo e sociodrama. Goiânia: Dimensão, 1994. v. 2.

ORGANIZAÇÃO DAS NAÇÕES UNIDAS (ONU). Escritório das Nações Unidas para a Redução do Risco de Desastres. **Quadro estratégico da UNDRR 2022-2025**: teoria da mudança. Genebra: UNDRR, 2022.

ORGANIZACIÓN DE LAS NACIONES UNIDAS (ONU). Oficina de las Naciones Unidas para Reducción de Riesgo de Desastres. **¿Qué es la Estrategia Internacional?** Genebra: UNDRR, [2022].

ORGANIZAÇÃO DAS NAÇÕES UNIDAS (ONU). Escritório das Nações Unidas para a Redução do Risco de Desastres. **Marco de Sendai para a redução do risco de desastres 2015-2030**. Genebra: UNISDR, 2015.

ORGANIZAÇÃO DAS NAÇÕES UNIDAS PARA A EDUCAÇÃO, A CIÊNCIA E A CULTURA (UNESCO). **Resumo do Relatório de Monitoramento Global da Educação 2023**: tecnologia na educação. Uma ferramenta a serviço de quem? Paris: Unesco, 2023.

PUTTINI, Escolástica Fornari; LIMA, Luzia Mara (org.). **Ações educativas**: vivências com psicodrama na prática pedagógica. São Paulo: Ágora, 1997.

ROJAS-BERMÚDEZ, Jaime G. **Introdução ao psicodrama**. Tradução de José Manoel D'Alessandro. São Paulo: Ágora, 2016.

ROMAÑA, Maria Alicia. **Cuadernos de psicoterapia**. Buenos Aires: Genitor, 1968.

ROMAÑA, Maria Alicia. **Do psicodrama pedagógico à pedagogia do drama**. Campinas: Papirus, 1996.

ROMAÑA, Maria Alicia. **Pedagogia do drama**: 8 perguntas & 3 relatos. São Paulo: Casa do Psicólogo, 2004.

ROMAÑA, Maria Alicia. **Psicodrama pedagógico**. Campinas: Papirus, 1985.

ROMAÑA, Maria Alicia. **Psicodrama pedagógico**: método educacional psicodramático. 2. ed. Campinas: Papirus, 1987.

SANTA CATARINA. Defesa Civil. Comitê Técnico Científico. **Tutorial de metodologias ativas para contextos de eventos extremos**. Coordenação de Harrysson Luiz da Silva. Florianópolis: Defesa Civil/SC, 2020.

SANTA CATARINA. Defesa Civil. **Coordenadorias Regionais**. Florianópolis, [2022a].

SANTA CATARINA. Defesa Civil. **Diretoria de Gestão de Educação**. Florianópolis, [2022b].

SCHARMER, Claus. **Teoria U**: como liderar pela percepção e realização do futuro emergente. Tradução de Edson Furmankiewicz. Rio de Janeiro: Alta Books, 2019.

SILVA, Emerson Mariano da; NOBRE, Joel de Abreu; BARBOSA, Wellington Antonio. Ensino de meteorologia e climatologia na formação continuada do agente de proteção e defesa civil: estudo de caso na região semiárida do Nordeste do Brasil. **Revista Brasileira de Meteorologia**, [*s. l.*], v. 36, Supl. 3, p. 661-666, 2021.

SILVA, Harrysson Luiz da. **O sociodrama como metodologia de ensino para curso de graduação em Geografia de instituições de ensino superior**. 2018. Trabalho de conclusão de curso (Especialização em Psicodrama – Nível I – Foco Socioeducacional) – Escola Lócus de Psicodrama, Florianópolis, 2018.

SILVA, Harrysson Luiz da; BERNARDES, Marcia Pereira. Sociodrama organizacional aplicado para desastres naturais no Brasil. *In*: CORETTE, Pasa Maria; DAVID, Margô de (org.). **Múltiplos olhares sobre a biodiversidade**. Cuiabá: EdUFMT, 2017. v. 5, p. 47-82. *E-book*.

SILVA, Harrysson Luiz da *et al*. Tutorial de metodologias ativas para contextos extremos. **Revista Brasileira de Meio Ambiente & Sustentabilidade**, Florianópolis, v. 1, n. 7, p. 178-209, 2021.

SIQUEIRA, Maria Luiza Neto. As relações de gênero numa perspectiva psicodramática. *In*: PUTTINI, Escolástica Fornari; LIMA, Luzia Mara (org.). **Ações educativas**: vivências com psicodrama na prática pedagógica. São Paulo: Ágora, 1997. p. 71-80.

SOUZA, Fabiano Araújo; SOUZA, Fabiano Araújo de. **Formação profissional do soldado bombeiro militar do Rio Grande do Norte**. 2017. Trabalho Conclusão de Curso (Bacharelado em Tecnologia em Gestão Pública) – Instituto Federal de Educação, Ciência e Tecnologia do Rio Grande do Norte, Natal, 2017.

SPANIOL, Marlene Inês; AZEVEDO, Rodrigo Ghiringhelli de. Formação profissional na segurança pública do RS: análise a partir dos seus cursos, suas escolas e academias de polícia. **Revista Brasileira de Segurança Pública**, São Paulo, v. 16, n. 1, p. 68-91, 2022.

SPRATT, David. "Climate emergency": evolution of a global campaign. **Resilience**, [*s. l.*], May 21, 2019.

TEIXEIRA, Antonia Benedita. **Habilidades socioemocionais na educação**. Curitiba: Appris, 2020.

THIOLLENT, M. **Pesquisa-Ação nas Organizações**. São Paulo: Atlas, 1997.

UNIVERSIDADE ESTADUAL PAULISTA "JÚLIO DE MESQUITA FILHO" (UNESP). **Programa de Pós-Graduação em Desastres Naturais**. São José dos Campos, 2021.

UNIVERSIDADE FEDERAL DE SANTA CATARINA (UFSC). **Ceped**: áreas de atuação. Florianópolis, [2022a].

UNIVERSIDADE FEDERAL DE SANTA CATARINA (UFSC). **Programa de Pós-Graduação em Desastres Naturais**. Florianópolis, [2022b].

UNIVERSIDADE FEDERAL DO PARÁ (UFPA). **Programa de Pós-Graduação em Gestão de Risco e Desastre na Amazônia**. Belém, [2022].

UNIVERSIDADE FEDERAL FLUMINENSE (UFF). **Mestrado em Defesa e Segurança Civil**. Niterói, [2022].

YOZO, Ronaldo Yudi K. **100 Jogos para grupos**: uma abordagem psicodramática para empresas, escolas e clínicas. São Paulo: Ágora, 1996.

PROTOCOLO SOCIODRAMA PEDAGÓGICO-MATRICIAL

Unidade Educacional	
Escola	DD/MM/AAAA
Data	DD/MM/AAAA
Ano ou turma	

Diretor (a) Analista Social

Para controle de resultados o diretor analista social deve ser um profissional habilitado em Psicodrama clínica ou com foco socioeducacional.

Nome	
Registro	Lívro/ Data / FLS / Nº

Etapa da Educação

☐ Educação Continuada
☐ Treinamento
☐ Capacitação
☐ Outro:

Componente Curricular	Unidade Temática	Objetivos de Aprendizagem	Competências/ Habilidades

Conceitos Socioemocionais

Após definir o que se quer ensinar, fazer a correlação entre os conceitos para definir quais técnicas e teorias são mais adequadas.

Conceitos Socioemocionais	Conceitos Socionômicos	Pilares da Educação
Abrir a Novas Experiências	Conserva Cultural	Aprender a conviver
Conscienciosidade	Tomada do papel	Aprender a Fazer
Extroversão Amabilidade	Espontaneidade/criatividade Telessensibilidade	Aprender a Conhecer
Equilíbrio Emocional	Seinismo	Aprender a ser

Sistematização

Compreenda os conceitos e siga os siga três passos básicos:

Passo 01	Passo 02	Passo 03
Pensar no conflito; Definir a etapa da Educação e as competências.	Definir o contexto, técnicas, jogos e materiais didáticos.	Fazer perguntas perceptivas para verificar o panorama do aprendizado.

Sociodrama		Correlação conceitual	Teorias	Técnicas	Pilares da Educação
I Sociodrama		Abertura a Novas Experiências no contexto da Conserva Cultural.	Teoria do Núcleo do Eu	Técnica do Papel do Corpo Humano; Teste de familiaridade; Teste Sociométrico; Teste de Modelo Psicológico	Aprender a conviver.
II Sociodrama		Gestão de Processos/ Amabilidade Estabilidade Emocional/ Telessensibilidade.	Espontaneidade e Criatividade	Ferramenta do Trem	Aprender a conhecer.
III Sociodrama		Desenvolvimento de Papeis/ Consciensiosidade / Tomada do Papel.	Teoria dos papeis	Role Taking (Duplo) sensibilar; Role Playing (Espelho) percepção; Role Creating;(Inversão de papeis).	Aprender a fazer.
IV Sociodrama		Táticas de surpresa para emergências em eventos extremos. Equilíbrio Emocional/ Senismo.	Teoria da Espontaneidade e do Desenvolvimento Infantil/ Teoria do momento.	Táticas de surpresa; Teste de espontaneidade.	Aprender a ser.

Fonte: a autora (2024)